AF492783

José Jaraíz

SANAA
Espacios, límites y jerarquías

Jaraíz, José
 SANAA : espacios, límites y jerarquías. - 1a ed. - Buenos Aires : Diseño, 2013.
 160 p. : il. ; 21×15 cm. - (Textos de arquitectura y diseño / Marcelo Camerlo)

 ISBN 978-987-29499-3-8

 1. Arquitectura. 2. Espacio. I. Título
 CDD 711

Textos de Arquitectura y Diseño

Director de la Colección:
Marcelo Camerlo, Arquitecto

Diseño de Tapa:
Liliana Foguelman

Diseño gráfico:
Karina Di Pace

José Jaraíz

SANAA
Espacios, límites y jerarquías

diseño

SANAA
Espacios, límites y jerarquías

ÍNDICE

PRESENTACIÓN

CONTRA LA IMAGEN

por Alberto Morell Sixto

La imagen de la arquitectura, "como memoria", como resumen de alguna idea sobre la vida, sobre la naturaleza, el tiempo o el espacio, es una síntesis que se sostiene a sí misma porque es una representación o enseñanza de algo profundo. Esta imagen está mucho más allá del papel impreso o de la pantalla del ordenador, incluso del arquitecto o sociedad que la haya construido, porque forma parte de la conciencia e inteligencia colectiva de los logros de la humanidad.

Por eso, la arquitectura, aunque nazca de una época, de un tiempo, no tiene época, no tiene tiempo. Las Pirámides o el Partenón son contemporáneos a nosotros, en la medida en que son capaces de conmovernos en nuestro tiempo. Porque el tiempo de la vida en relación con la naturaleza, con nosotros mismos, el único tiempo verdadero, es el tiempo de la unidad con todo lo que nos rodea, es un tiempo sin tiempo, aunque esté dentro de nuestro tiempo. Las imágenes de estas obras nos llenan de emoción por las innumerables lecciones que contienen.

Pero, el título de esta introducción a la investigación del Profesor Jaraíz hace referencia a otra imagen de la arquitectura, *la imagen "como novedad"*, aquella que busca la originalidad de cada momento, aquella que se agota en sí misma en cuanto no puede mostrar más allá del instante y del arquitecto o moda arquitectónica concreta.

Es una imagen muy valorada hoy, porque vivimos con un sentido del tiempo vertiginoso, donde lo que más vende es lo que, de manera más rápida, impacta en el "voraz consumidor de imágenes" por su novedad o aparente riesgo, independientemente de que la imagen contenga indicios de inteligencia. Parece que los medios tecnológicos y de difusión han tomado el protagonismo. Ya no se aprende de la realidad y de la presencia de la arquitectura "in situ", sino de la imagen de ella parcial y en dos dimensiones.

Esta segunda imagen "como novedad" es la que esta investigación propone desmontar, porque insiste en recuperar la actitud crítica, arraigada en el análisis y en los conceptos, frente al embelesamiento y la adoración de las imágenes, en es estos tiempos tan abarrotados de ellas.

Nada mejor para ello que la arquitectura de SANAA, tan actual, tan reconocible, alabada y premiada, pero escasamente entendida más allá de sus imágenes. Una arquitectura tan "brillante", como "ocultista" detrás de unos documentos –plantas, secciones, etc.– dibujados de manera que no se entiendan, pero que tengan gran atractivo sensual – también como imagen–, algo claramente potenciado desde el estudio de SANAA para envolver a sus propuestas en un halo de romanticismo y de misterio.

En este sentido, esta investigación es ejemplar, necesaria y oportuna, porque incluso redibuja documentos para hacer entendible los proyectos, profundiza en sus propuestas y referencias a través de croquis y esquemas reconocibles, encontrando aciertos y contradicciones que pueden servir, sobre todo a los estudiantes, para encontrar el camino del entendimiento de lo que realmente importa y de lo que no en la arquitectura. Más allá del mundo vanidoso de las imágenes.

Madrid, 21 de diciembre de 2012

PRÓLOGO
por Alberto Campo Baeza

Escribir un texto introductorio para la publicación de una tesis doctoral es siempre una grata labor para el director del trabajo. Y más si cabe, habiendo compartido esta dirección con el profesor Alberto Morell Sixto a quien también dirigí en su día su tesis doctoral.
Si empezarlas no es fácil, terminarlas, y bien, supone siempre un trabajo ingente. Y más si cabe, para los arquitectos que tienen que hacer compatible el construir con el enseñar y con el investigar. Y José Jaraíz lo ha hecho todo perfectamente.

La tesis sobre SANAA reúne muchas cualidades de las que a mí me gustaría resaltar tres.

• INTERÉS

Trata sobre Kazuyo Sejima y Ryue Nishizawa, los arquitectos japoneses que más influencia están teniendo entre las generaciones más jóvenes de arquitectos. No en vano les concedieron el Premio Pritzker en 2010. Curiosamente la tesis está comenzada y aprobada en fecha anterior aunque se haya presentado en 2012, después de la concesión de tan preciado galardón.

• RAZONES

La ausencia de documentos teóricos por parte de SANAA, que tienen a gala el proclamar que su arquitectura no necesita explicaciones, no significa que su arquitectura no sea más que razonable. Las razones con las que se han hecho sus obras y proyectos, existen y esta tesis consiste en gran medida en eso. José Jaraíz despliega un a modo de cuerpo teórico capaz de arropar convenientemente a los arquitectos que analiza.

• CRITICA

La crítica rigurosa que José Jaraíz hace en todos y cada uno de los principales proyectos de SANAA no cae nunca en el acostumbrado tono laudatorio, tan común en este tipo de trabajos. Su admiración, indudable, va de la mano de una crítica certera.

Y si el corpus de la tesis doctoral, tanto en sus hipótesis de partida como en sus conclusiones, es impecable, querría destacar aquí las cualidades del autor del trabajo que, también centraría en tres puntos.

• CONSTANCIA

Si San Agustín proponía "buscar como quien no ha encontrado y...", José Jaraíz ha puesto en práctica este precepto con constancia ejemplar. Y con un rigor que responde a lo que la Universidad entiende por investigación. Es éste un trabajo de investigación ejemplar.

• CLARIDAD

Se agradece la escritura fluida y clara que denota una muy buena base cultural. Tengo la suerte de tener a José Jaraíz como profesor ayudante desde hace tiempo y puedo dar fe de la certeza de sus juicios, y de su claridad de exposición, que es la misma que se puede apreciar en esta tesis doctoral.

• CALIDAD

La tesis doctoral objeto de este prólogo, lejos de quedarse en meras descripciones, siguiendo las palabras de su autor, "rastrea los proyectos de SANAA buscando aquellos mecanismos que permiten discernir el verdadero significado de conceptos como laberinto, jerarquía, orden, atmósfera o experiencia a lo largo de los principales proyectos de espacio horizontal de Sejima y Nishizawa". Palabras que reflejan muy bien el espíritu de este estupendo trabajo.

Creo que la publicación de esta tesis doctoral puede y debe servir de instrumento eficaz para los alumnos y para todos los arquitectos. No sólo para un mejor conocimiento de SANAA sino para volver a hacerles pensar en los temas centrales de la Arquitectura.

1. INTRODUCCIÓN

AGRADECIMIENTOS

Deseo dedicar este libro a mis padres y mi hermana, por la confianza y el incondicional respaldo que me han aportado durante el largo desarrollo de este trabajo de investigación y por el haber sabido inculcarme durante toda la vida el valor del esfuerzo y del trabajo continuado.

Este libro es el resultado de una tesis doctoral que resulta inconcebible sin la acertada y entusiasta dirección de mis directores, Alberto Campo Baeza y Alberto Morell Sixto, a quienes estoy especialmente agradecido por la tremenda dedicación, esfuerzo y por las instructivas tardes hablando de arquitectura y espacio.

A Lorena del Río y Carlos Chacón por las horas compartidas frente al ordenador aprendiendo arquitectura y vida.

A Carlos Pérez por aquel extraño viaje a Lausanne para visitar el centro Rólex.

A Carlos García Fernández por su esfuerzo en el contacto con el personal de SANAA.

A mi socio Jacob, por hacer realidad la exploración de los conceptos estudiados en el libro a lo largo de los concursos de estos años.

A Jesús Donaire y Alejandro Vírseda por tantas y tantas cosas.

A Marta por su enorme apoyo y confianza.

Y a todas las personas que, de una manera u otra, han colaborado en la redacción de esta tesis.

INTENCIONES

Este libro proporciona una visión sobre el significado de la arquitectura del estudio japonés SANAA dentro del marco de la contemporaneidad. En este sentido, se analiza la obra de Kazuyo Sejima y Ryue Nishizawa con el convencimiento de que sus propuestas plantean ciertas nuevas direcciones en la arquitectura contemporánea.

La concesión del premio Pritzker en 2010 no solo es un reconocimiento público y notorio de su calidad, sino además lo es de abrir nuevas vías en la Arquitectura.

El libro tiene el deseo de encontrar las referencias que permiten a Sejima y a Nishizawa abordar la construcción del *parque*. Entendiendo éste, como un conjunto de reglas y mecanismos arquitectónicos que reflexionan sobre los *límites* y las *jerarquías* en el proyecto.

Este libro estudia el *parque* en su forma más completa posible. Desde las referencias anteriores que permiten acercarse a él (relación con el espacio tradicional japonés y puesta en crisis del Movimiento Moderno), pasando por los mecanismos conceptuales que lo componen (trabajo sobre los *límites* y *jerarquías*), hasta llegar a las herramientas gráficas que lo explican mediante las convenciones arquitectónicas (maquetas y dibujos-diagramas).

Asimismo, el *parque* será puesto en relación a diversas arquitecturas contemporáneas con los que guarda cierto parentesco conceptual.

Sin embargo, la sombra que planeará sobre todo el libro es la figura de Mies van der Rohe. A él se le dedicará un capítulo entero, con el objetivo de estudiar cuál es exactamente el grado de relación con la arquitectura de SANAA, con la que, a pesar de compartir grandes similitudes formales en momentos determinados, entra en colisión en diversos aspectos relacionados fundamentalmente con la jerarquía del espacio.

También de este modo, el libro estudiará una de las facetas más controvertidas del análisis sobre la obra de SANAA como es su relación con el espacio tradicional japonés.

El que Sejima y Nishizawa no desplieguen un "*corpus* teórico" de manera voluntaria, hace aún más interesante el trabajo de este libro, en el que el autor, escudriña los proyectos en busca de las categorías de proyecto que permiten dar forma al *parque*.

Es deseo entonces del autor de este libro, que este documento se convirtiera en un documento útil para los futuros investigadores sobre la obra de SANAA, tanto por los mecanismos de hacer arquitectura revelados, como por señalar las coordenadas teóricas en las que se enmarcan.

Y, por último, en todo este estudio, late el reconocimiento a la obra de Kazuyo Sejima y de Ryue Nishizawa, por haber abierto al resto de arquitectos del mundo unas vías distintas y contemporáneas de relación entre Arquitectura y Naturaleza.

RAZÓN DE ESTUDIO. LA ARQUITECTURA DE SANAA DENTRO DEL MARCO CONTEMPORANEO

El estudio japonés SANAA ha construido una serie de edificios que han supuesto una gran influencia en el contexto de la arquitectura mundial y que está contribuyendo al trabajo de muchísimos arquitectos jóvenes. En concreto, obras como la *casa en el huerto de ciruelos*, se estudia ya en las escuelas de arquitectura de medio mundo, y los estudiantes analizan su espacio conocedores de la importancia de la pequeña casa dentro del contexto de la arquitectura doméstica.

En este sentido, la obra de SANAA, ha generado una línea de pensamiento y trabajo que está empezando a seguirse, tanto dentro de Japón, con arquitectos jóvenes como Ishigami o Foujimoto que admiten que Sejima es su influencia principal, como fuera del Japón.

De este mismo modo, sorprende también la escasa crítica y análisis que se ha producido sobre su obra, que a pesar de ser de las más profusamente publicadas en los últimos años, no se ha sometido apenas a reflexión por parte de la crítica internacional acerca de su especial modo de trabajo y sobre los distintos modos de proyecto y herramientas que SANAA nos está proporcionando a los arquitectos de todo el mundo.

El libro surge como una respuesta a este vacío de crítica que se produce en torno a la obra del estudio japonés, intentando encontrar los mecanismos de proyecto que permanecen debajo de la arquitectura y que son esenciales para la redacción del proyecto.

SANAA ha tenido promesas proyectuales enormemente atractivas que se han quedado sin construir, como son el *Museo de Mercedes Benz*, la *Terminal deYokohama* o el *Museo de Arte Contemporáneo de Sidney.*

Y, a diferencia de lo que suele ocurrir con otros arquitectos de similares características, su obra construida presenta enormes aciertos y experiencias arquitectónicas distintas a las presentadas hasta ahora en la arquitectura contemporánea. En concreto, con la construcción del *Centro Rólex*, SANAA parece haber dado final a una etapa y a unas investigaciones proyectuales, para comenzar una etapa de búsqueda distinta, constituyendo este proyecto un punto de inflexión.

HIPÓTESIS DE PARTIDA

Este libro es una investigación de la arquitectura de SANAA y sus
nuevos conceptos sobre el espacio horizontal basado en sus relaciones, tanto con la tradición japonesa de espacio, como con la
arquitectura occidental y con especial énfasis con la arquitectura del
Movimiento Moderno. El estudio comparativo que, en ciertas partes
del libro se produce, lejos de establecer claras conexiones, nos abre
a múltiples reflexiones sobre el espacio. Esta simbiosis oriente-occi-
dente lleva a SANAA a proponer un tipo de espacio muy particular
que Sejima denominaba hace unos años el *parque*.

> *"Entonces estaba interesada en hacer ese tipo de espacio, una
> especie de parque, semejante al concepto de parque japonés. Esta
> clase de espacio permite a gente de diferente tipo estar en un mismo
> espacio al mismo tiempo. Gente diferente y de generaciones distin-
> tas pueden compartir un mismo espacio, pueden estar juntos. Asi-
> mismo en un parque se puede reunir un gran grupo, pero al mismo
> tiempo una sola persona podría estar cerca en soledad leyendo un
> libro o bebiendo zumo. Me gusta esa sensación o este carácter, en
> los edificios públicos."*

SEJIMA, Kazuyo. *El Croquis* 121/122. Entrevista

El desarrollo del libro busca revelar que este nuevo entendimiento
recoge y toma como referencia la obra del Movimiento Moderno, en
particular la figura de Mies van der Rohe y que usa mecanismos arquitectónicos miesianos, para estructurar un espacio distinto hasta este
momento, uniendo de este modo la tradición del Movimiento Moderno
con referencias propias de su universo imaginario.

La cartografía del libro es entonces sencilla. Exploraremos el universo imaginario del *parque* partiendo de su división en categorías proyectuales a través de diversos ejemplos de la obra de SANAA. Una
vez desmenuzado, procederemos, mediante la síntesis, a estudiar de
forma concreta una serie de casos que permita entender una evolución dentro del mismo concepto de *parque*. Este análisis a diversas
escalas permitirá darnos una visión tanto detallada, como a nivel global del *parque*, que será fundamental para acercarnos del modo más
completo posible a la obra de SANAA.

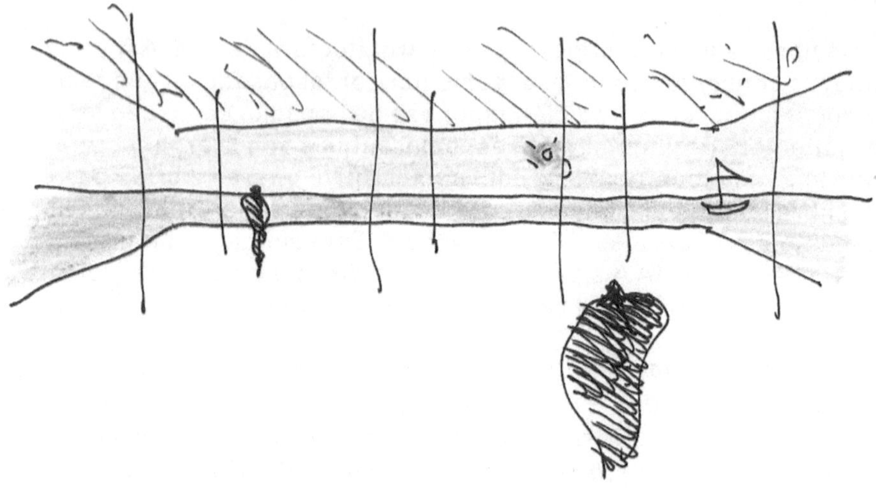

Figura 1. Esquema de un espacio
vertido al horizonte.

DEFINICIÓN DE ESPACIO HORIZONTAL

*"La horizontalidad, realidad elemental y mínima, se convierte en sello
de una concepción arquitectónica, como consecuencia evidente de
un sistema constructivo que utiliza forjados continuos. La horizontalidad, que es, desde un punto de vista efectista, la característica más
visible del estilo internacional"*

HITCHCOCK, Henry Russell y JOHNSON, Philipp. *El estilo
internacional. Arquitectura desde 1922*, p. 84, Murcia, COAAT, 1984

Dentro de cualquier espacio arquitectónico podemos distinguir tres
"extensiones espaciales": anchura, altura y profundidad, que son los
ejes cartesianos clásicos de la forma. Este espacio abstracto está
limitado por planos horizontales y verticales. Planos que conforman el
movimiento del hombre y su campo de visión.

De forma simplificada podríamos entender un espacio horizontal como un espacio en el cual las extensiones espaciales de X e Y prevalecen frente a la altura Z. Sin embargo esta definición no sería exactamente apropiada para definir un espacio arquitectónico horizontal, más bien correspondería a un "espacio de proporciones horizontales"

Un espacio arquitectónico horizontal está caracterizado, además, por la presencia necesaria de horizonte.[1] El objetivo de todo sistema horizontal es unir la arquitectura con el horizonte exterior a ella. Vincular de diversos modos un interior arquitectónico al paisaje exterior de la forma más intensa posible es la máxima realización de este espacio arquitectónico.

El *templo griego de Cabo Sunion*, la *casa Farnsworth*, la cubierta de la *villa Saboya* o el interior del *park café de Koga* son ejemplos de estos espacios horizontales a través de la historia. En ellos el ser humano, desde la arquitectura, entiende y disfruta el paisaje circundante.

Figura 2. *Templo de Cabo Sunion*.

RAZONES PARA ESTUDIAR
EL *PARQUE* DE SANAA

El espacio horizontal, el espacio fluido, es una invención característica del Movimiento Moderno propiciada por los nuevos materiales, y
se enraiza en lo más profundo de la historia de la arquitectura.

La continuidad horizontal de la planta libre provoca la estratificación
del espacio en plantas.

Este esquema estructural isótropo e infinito de forjados continuos
sobre pilares permite la *planta libre*; planta que se organiza de acuerdo
a las funciones sin condicionantes previos. El espacio queda liberado
y se crea una dominación horizontal de la vista al paisaje.

El libro analiza cómo la obra de SANAA, apoyándose en los hombros de
los gigantes de Mies y Le Corbusier, propone un significado distinto a
la planta libre y al espacio horizontal. Este significado, producto de sus
particulares referencias y de diversas influencias, es un espacio todavía
en formación al ser un estudio que todavía está produciendo obras.

El *parque* de SANAA, es, actualmente, una de las propuestas de
arquitectura contemporánea que está consiguiendo una unión con el
paisaje y el horizonte más intensa. Sus propuestas, pretenden desva-
necerse. La ligereza que portan sus trabajos permite desaparecer a la
arquitectura para que se incremente la presencia del paisaje.

PÁGINA SIGUIENTE:

Figura 3. Esquema espacial del
templo griego.

Figura 4. Esquema espacial de
la *Galería de Berlín*
de Mies van der Rohe.

Figura 5. Esquema espacial del
Park Café. SANAA.

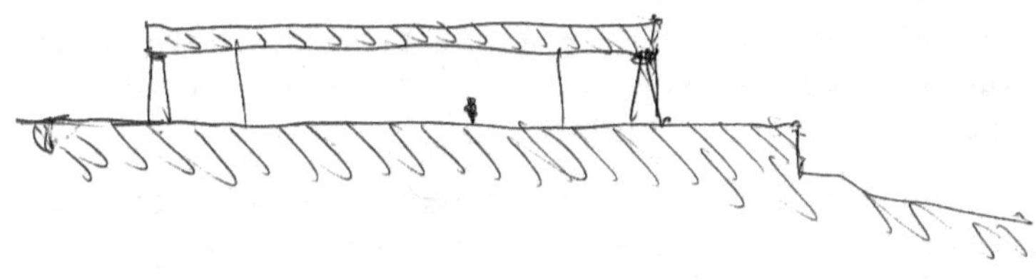

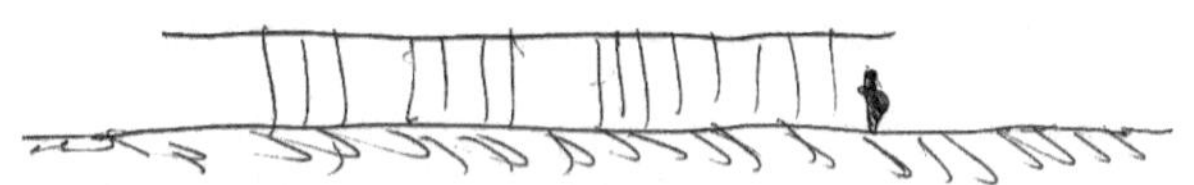

PARQUES POR CONTINUIDAD
Y *PARQUES* POR ACUMULACIÓN

Debido a la gran complejidad y cantidad de la obra construida y proyectada por SANAA es necesario localizar un campo de análisis limitado pero representativo. Para ello intentaremos centrarnos en los proyectos de SANAA que de forma más clara y precisa den forma a un espacio horizontal como representación del *parque*. Dejaremos fuera de este principal análisis la gran mayoría de proyectos de vivienda, y en particular los de vivienda colectiva, por compartir una serie de connotaciones y problemas añadidos a la definición del espacio que se alejan del objetivo de este libro.

La investigación entonces consiste en averiguar cuáles son los mecanismos que posibilitan la creación del *parque* en SANAA, que a pesar ser, en cierto modo, heredada de Mies, introduce gran variedad de conceptos y mecanismos propios. En este sentido, en el análisis de los proyectos más representativos que presentan una continuidad espacial, intentaremos discernir, a través del estudio de la documentación del proyecto, los valores de la estructura, que ya no será la retícula miesiana de pilares de acero, sino un valor propio y distinto.

Esta familia de proyectos, que llamamos *parques* continuos, presenta grandes extensiones de espacio horizontal que se vuelcan al horizonte siguiendo los mecanismos y categorías espaciales del *parque* que el libro desentraña y pone de manifiesto.

En oposición a esta investigación, SANAA parece haber olvidado el descubrimiento del pilar exento y del espacio horizontal continuo para experimentar de nuevo con un tipo de espacio basado en estancias individualizadas. En este tipo de proyectos, que llamaremos *parques* por acumulación, y cuya estrategia consiste en agrupar estancias o habitaciones, surgen mecanismos proyectuales que difuminan las jerarquías tradicionales de la arquitectura.

Investigaremos cómo en los *parques* por acumulación, será la partición vertical fina la que organice y estructure el espacio y como se recuperará un sistema de orientación basado en el clásico concepto de *enfilade*, dándole un significado contemporáneo.

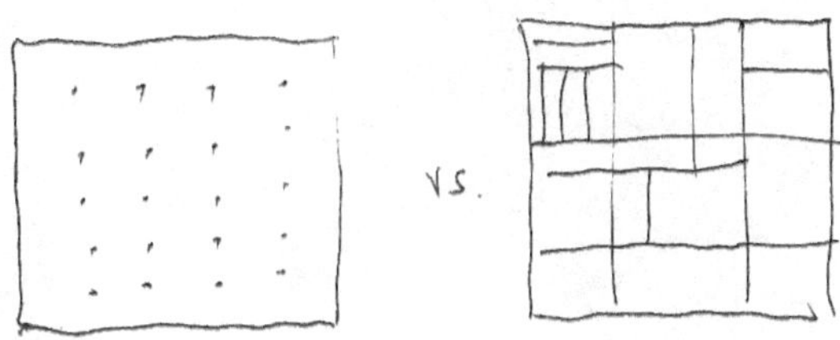

Figura 6. *Parques* por continuidad vs. *parques* por acumulación.

Los dos modos de proyectar en la formación del *parque*, constituyen en realidad dos modos distintos de aproximarse a una misma realidad, que es la unión del hombre con el horizonte, desde elementos arquitectónicos diferentes.

Los dos sistemas de proyectos dan origen a los dos cuerpos fundamentales del libro y servirán como ejemplos para estudiar los mecanismos proyectuales más importantes de SANAA.

2.

ANTECEDENTES DEL *PARQUE*

EL *PARQUE* DE SANAA EN RELACIÓN
AL MOVIMIENTO MODERNO

El estudio de las reglas, directrices, formas, materiales y elementos
que usó el Movimiento Moderno a lo largo de su trayectoria, es decir, el
estudio de su sistema proyectual, requeriría miles de páginas, muchas
de las cuales ya están escritas. El objetivo de este apartado, es el de
entender que el *parque* de SANAA presenta unas referencias proce-
dentes del Movimiento Moderno y heredero de varios elementos pro-
cedentes de la tradición miesiana.[2] Por tanto estudiaremos y analizaremos aquellos puntos que Ryue Nishizawa y Kazuyo Sejima aprovechan
y explotan de Mies van der Rohe y Le Corbusier para su propio sistema
proyectual en tanto que son los mismos elementos que forman parte
de la tradición de sistemas horizontales.

La columna exenta, elemento fundamental en los sistemas proyectuales
horizontales tiene, evidentemente, valores y objetivos espaciales distintos en Mies van der Rohe que en Kazuyo Sejima, sin embargo ambos
comparten su origen en el pie derecho de los antiguos templos griegos
de madera. Asimismo, el entendimiento y evolución de los elementos
de proyecto de estos sistemas –columna exenta, plano superior horizontal y plano inferior horizontal– son parte crucial para el estudio de
la evolución de los *parques* de SANAA.

En capítulos posteriores, al analizar los proyectos de SANAA, veremos que la relación entre Kazuyo Sejima y Mies, es más que meramen-
te admirativa. SANAA analiza, interpreta, modifica, destruye y recons-
truye el sistema proyectual de Mies. Toma, elementos claramente
miesianos y los reincorpora a su propio imaginario arquitectónico.
Conceptos como la claridad estructural, el horizonte, el límite, los
recorridos o *promenades* para acceder a la vista deseada, o los diferentes valores que adquieren los planos horizontales son, permanente-
mente, referenciados a Mies, tanto para afirmarlo como para negarlo.

Es necesario añadir que la relación con Mies es mucho más intensa que
la mera relación formal que es posible establecer entre algunos de sus
proyectos gracias a compartir recursos comunes, como el vidrio curvo
en el *Glass Skyscraper* (imagen 7) y en el *Pabellón de Vidrio*. Esta relación se entronca en las raíces más profundas de la arquitectura, más
que en aspectos formales, como por ejemplo en la decisión de entender,
la diferenciación entre pared, suelo y techo evitando una continuidad
espacial y se diferencia en conceptos como la jerarquía de la planta libre.

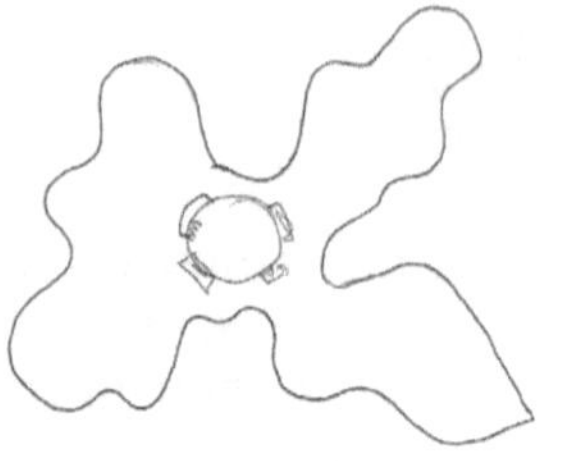 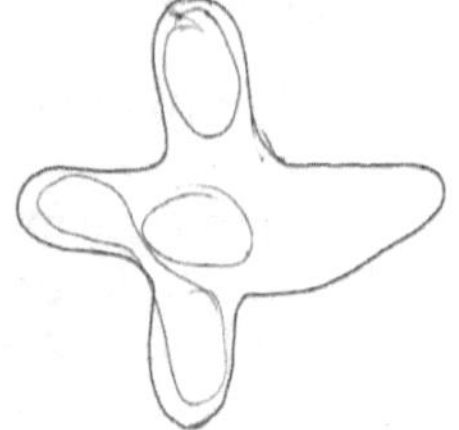 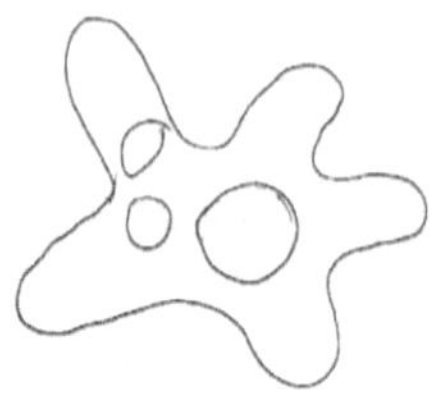

Figura 7. *Rascacielos para la Friedrichstrasse.* Mies van der Rohe.

Figura 8. *Universidad de Hong Kong.* SANAA. Concurso.

Figura 9. *Casa Flor.* SANAA.

Sin embargo, es necesario entender diferentes puntos de vista respecto al uso de la estructura para entender la evolución de los espacios horizontales y la relación del hombre con el exterior.[3]

JJP. —Looking at your projects with curved glass like Toyota Aizuma, Glass Museum or the competition for the WangjingSoho, is possible to understand a strong influence from Mies van der Rohe's glass skyscraper. Is this influence seeked? Do you understand the work of Mies as part of your working thoughts?

SEJIMA. —Of course he has greatly influenced our work: we are interested in the same soft line and the quality of reflection. Unlike other Modernists Mies explored the depth of glass and its dark character. We have also tried to go beyond simple transparency in our work, as in Toledo, where the layering of glass creates overlapping reflections that melt the surface and create an ambiguous sense of depth.

(Fragmento de la entrevista realizada a KazuyoSejima por el autor del libro en el verano de 2011.)

SANAA retoma la investigación sobre las propiedades reflectantes del vidrio ya comenzadas por Mies en los años 20 dotándoles de un nuevo significado contemporáneo.

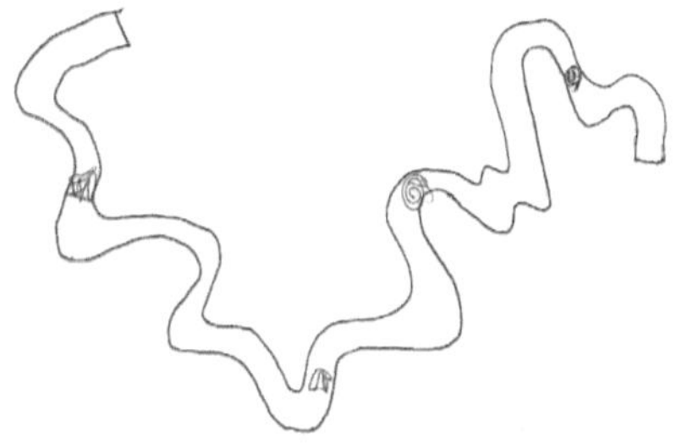 

Figura 10. Concurso para la *Wangjin Soho*. SANAA.

Figura 11. *Museo de vidrio*. SANAA.

SISTEMA PROYECTUAL
DEL MOVIMIENTO MODERNO

El trabajo de toda la vida de Mies van der Rohe puede entenderse como la dedicación a la búsqueda de un sistema espacial que proporcione una unión más intensa del hombre con el horizonte, es decir, la búsqueda de un sistema proyectual horizontal.

Estudiando los dos tipos de proyectos en los que Mies se debatió a lo largo de su vida; la casa patio y la casa pabellón (imágenes 12 y 13) vemos que, en ambos, el objetivo es la unión del hombre con la naturaleza por medio de un sistema horizontal. La *casa Farnsworth* ejemplo de casa pabellón, es un espacio horizontal, en el que los planos horizontales superior e inferior, el podio, y la columna exenta, están claramente definidos como parte de los elementos pertenecientes a la tradición de sistemas proyectuales horizontales. Los mismos elementos aparecen en la *casa con tres patios*, en este caso, siendo una caja abierta al cielo en la que unos muros verticales sirven para acotar la porción visible del horizonte.

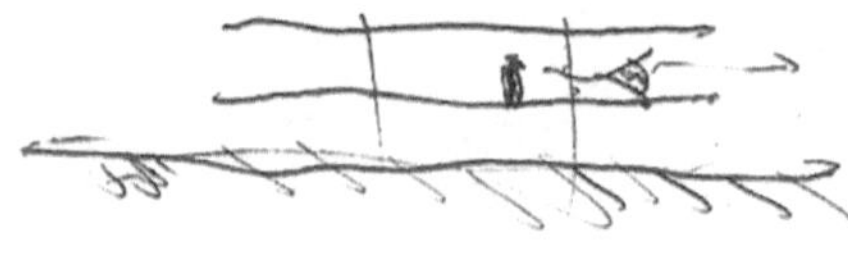

Figuras 12 y 13. Contraposición entre la casa pabellón (arriba) y la casa patio (abajo) que define la inquietud que dominó la vida profesional de Mies van der Rohe.

Rascacielos de vidrio

Uno de los primeros proyectos de Mies en su investigación de las propiedades del vidrio como límite de los edificios fue el proyecto de rascacielos de vidrio para la *Friedrichstrasse Station* en Berlin (1922). El uso de formas prismáticas triangulares permitía una mejor adaptación a las formas irregulares del solar y una apertura a las posibilidades del vidrio como material de cerramiento único para los rascacielos.

Los dos esquemas publicados, (el de formas rectas prismáticas y el de paredes curvas de vidrio), comenzaban a investigar sobre una de las aplicaciones más importantes que luego SANAA retomaría en muchos de sus edificios, las propiedades reflectantes del vidrio.

Como Mies explica, las formas, aparentemente aleatorias del curvado del vidrio, vienen definidas por tres razones: conseguir suficiente iluminación en el interior, la vista de las proporciones del edificio desde el exterior y por último, el juego de los reflejos. El proyecto consistía en una estructura de pilares al interior que permitiera liberar la fachada de estructura para experimentar con las posibilidades de reflexión de los vidrios. La percepción de los vidrios en el proyecto del rascacielos cambia según la orientación del observador, es decir, un observador mirando perpendicularmente al plano del

Figura 14. Mies van der Rohe. *Rascacielos para la Friedrichstrasse*. Versión de vidrios curvos y vidrios rectos.

Figura 15 (arriba). SANAA. *Torre politécnica de Hong Kong*.

Figura 16 (izquierda). SANAA. Concurso para la *Wangjing SOHO*.

vidrio, percibe completamente su transparencia, mientras que a medida que el observador se va situando paralelo al plano de vidrio, empieza a percibir más intenso su reflejo que su transparencia, es decir, el vidrio se vuelve opaco. Al curvar el vidrio, las transiciones entre opacidades y transparencias y sus grados intermedios se vuelven más continuas y no tan bruscas como ocurría en el primer proyecto de rascacielos de formas prismáticas.

Estas posibilidades del uso del vidrio como material plástico para la arquitectura serán recogidas por SANAA más tarde en proyectos como el *Pabellón de Vidrio* de Toledo, la *Casa Flor* o el *Edificio Toyota Azuma*, donde se retoman las ideas miesianas de experimentar con las propiedades opacas del vidrio y su curvado para conseguir continuidades.

Llama la atención que Mies no continuara investigando estas propiedades del vidrio[4] y abandonara estos proyectos directamente en los años 20 y no vuelva a encontrarse un proyecto similar a lo largo de toda su carrera. Continuaría experimentando el vidrio como límite del proyecto en el resto de sus obras pero sin conseguir la belleza de las reflexiones y opacidades de los proyectos de los rascacielos de vidrio de la *Friedrichstrasse Station*.

Han tenido que pasar 90 años desde el proyecto de rascacielos de vidrios curvos de Mies, para que SANAA volviera a reinterpretar el concepto del reflejo en la torre con proyectos como el rascacielos en forma de bandera para la *Wangjing SOHO* (imagen 16) o los estudios para la *Torre Politécnica de Hong Kong* (imagen 15), donde recupera la torre de bordes curvos

Café de terciopelo y seda

Una de las líneas de investigación más intensas de Mies fue la instalación preparada para la Exposición de vivienda de Stuttgart en 1927 para albergar una exposición de mobiliario.

El espacio estaba delimitado por dos grandes terciopelos de colores azul oscuro y negros, entre los cuales se situaba la exposición. Dicha exposición estaba organizada mediante diferentes paneles de seda de colores rojos y dorados y alrededor de los cuales se situaban los tradicionales muebles miesianos de tubo de aluminio. Como más tarde haría SANAA en el *pabellón de vidrio*, muchas de las telas estaban colocadas en forma curva para acentuar la continuidad y evitar las

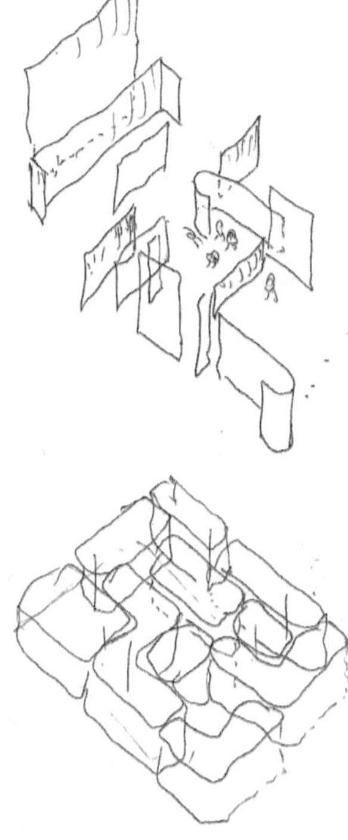

Figura 17. Arriba. Mies van der Rohe. *Café de terciopelo y seda*.
Abajo. SANAA. *Pabellón de vidrio*. El espacio se forma mediante la creación de atmósferas en vez de conceptos de figura y fondo.

esquinas. De este modo, los límites de la sala se desvanecen sustituidos por un laberinto de reflejos, transparencias y luces.

Muchas de los análisis asociadas a este proyecto, igual que a muchos de los proyectos de SANAA, explican que Mies con el uso de las sedas intentó crear una atmósfera diluida donde las referencias se perdieran y los tubos de los muebles se deslizaran entre los terciopelos y sedas. En realidad, lo que se buscaba era hacer un ejercicio de *límites*. El evitar en un espacio tan pequeño divisiones rotundas y claras llevó al uso de las sedas por sus propiedades translucidas y ligeras. Esto creaba una sensación de que el espacio estaba formado por los pequeños recovecos entre las telas pero que, debido a la delgadez y ligereza de las mismas, en realidad se trataba de un mismo espacio tensado entre los terciopelos.

Podemos ahora dirigir entonces nuestra mirada a la cultura objetual que despliega Mies en sus proyectos. Sus horizontalísimos y vacíos espacios son siempre definidos y activados por una capa de mobiliario que define la forma de usar los espacios. En todos sus proyectos, las salas parecen estar vacías, sin embargo, ligeros sillones de tubo de acero parecen flotar en el espacio. El sistema de Mies necesita de esos pocos y sabios objetos. Un número reducido de elementos, pero que permiten desarrollar el uso a la perfección.

En el caso del *Café de terciopelo y seda* el ejemplo es evidente. Las sillas de tubo de acero flotan entre los terciopelos y sedas definiendo las referencias del proyecto.

Este valor dado al mobiliario como una capa añadida que desarrolla la función y crea los hitos en el espacio horizontal será importantísimo en SANAA en el que las diferencias entre el uso de las salas únicamente se harán presentes a través del tipo de mobiliario.

Estas propiedades de las particiones ligeras para relacionar espacios pertenecen también a una de las investigaciones más prolíficas de SANAA sobre los límites[5] entre interior y exterior y los límites interiores del propio edificio.

Como comentábamos antes en el caso del *rascacielos de vidrio*, la investigación en torno a los límites creados por paramentos ligeros fue descartada por Mies en beneficio de otros materiales *gruesos* como ladrillo, piedra o vidrio para la creación de los límites arquitectónicos. Sin embargo, el proyecto del terciopelo y seda abrió nuevas vías para que SANAA experimentara un espacio fluido a través de elementos ligeros y no compartimentado por tabiques fijos. Es el primer paso para la creación de *atmósferas* de espacios continuos más que espacios definidos por la luz y la sombra.

Casa 50x50 (1950)

La *Fifty feet by Fifty feet* (16.72m × 16.72m) constituyó una aplicación de los principios de la estructura de proyectos de los *clear span* al ámbito doméstico. Un emparrillado de vigas de acero es sostenido por 4 pilares situados en los puntos medios del entramado para potenciar el voladizo de la esquina que se vierte al paisaje. Dicha estructura está rodeada por un perímetro de vidrio que delimita el espacio interior y exterior de la casa o que separa la arquitectura y la naturaleza. Al interior, un reducido mobiliario flota en el espacio de la planta albergando aseos, la cocina y el dormitorio.

Figuras 18, 19, 20. Frente a la *Casa de Vidrio* de Philipp Johnson (arriba) que se queda "cortada" en el paisaje; la *Casa 50×50* (abajo) prolonga su pavimento y permite que el espacio horizontal se intensifique.

Lo que nos interesa desde el punto de vista de este libro es, que la *Casa 50×50* (imágenes 19 y 20), es quizás el ejemplo más claro donde Mies usa el concepto de vidrio como límite de la arquitectura. Completamente a haces de la estructura. Dicho vidrio es una epidermis donde de forma tajante está separando la arquitectura interior de la naturaleza exterior. Este único vidrio tenso, es el mecanismo miesiano que permite la percepción del espacio horizontal; que luego SANAA utilizará de forma extensiva en casi todos sus proyectos incorporándole los conceptos del *engawa* y los *shoji* o particiones ligeras.

Gran parte de los alzados de los proyectos de SANAA consisten en un rectángulo que muestra un despiece en base a los tamaños del vidrio. Esta falta de información del alzado, puede entenderse como un desinterés por la imagen que proyecta el edificio al exterior, adquiriendo más importancia la percepción desde el interior al exterior, o como veremos luego, desde el interior hacia el interior.

Fundamental es el tema de la solución de la esquina en el proyecto. Al llevar Mies el pilar vertical en los puntos medios del emparrillado crea una "esquina de aire", de tal modo que la visión a paisaje queda liberada de estructura y el espacio se hace más intenso al volcarse todo el espacio de la esquina a la naturaleza.

Al mismo tiempo, es uno de los proyectos de Mies, donde el uso del podio queda en entredicho. Mies duda de su utilidad ya que para hacer más intenso la relación de la arquitectura con el paisaje se pregunta que quizás no sea necesario. En los fotomontajes del proyecto, no se deja entrever ningún podio o plano previo horizontal a la arquitectura y aparentemente, la casa se posa sobre la misma naturaleza. Sin embargo en el dibujo de la planta, Mies duda de nuevo, y la idea de dejar sin unión la casa aislada entre los árboles, le plantea problemas, por lo que dibuja dos retículas como planos de asentamiento al edificio.

Este hecho es el punto de diferencia entre la *Casa 50×50* y la *Casa de Vidrio* de Philipp Johnson (imagen 18). Mientras la *Casa de Vidrio*, acaba en el límite de vidrio y su espacio queda "cortado" frente al paisaje, Mies, al prolongar el pavimento fuera del perímetro de vidrio de la casa permite entender el espacio horizontal de forma mucho más continua con el paisaje.

Kazuyo Sejima aprovechará muchos de estos conceptos, como la desaparición del podio, el vidrio como límite, y la casa flotando en la naturaleza para la construcción de su propio sistema proyectual. Sin embargo entrará en contradicción con el concepto estructural de Mies al únicamente sostener la casa en cuatro pilares y que el peso de la estructura tenga un excesivo protagonismo en la configuración final del edificio. Sejima y Nishizawa buscan quitar peso a esta estructura multiplicándola y desdoblándola en el *bosque* o en la sala hipóstila como veremos en el capítulo dedicado a la estructura.

A pesar de negar el concepto de podio, SANAA sí que prolongará los pavimentos del proyecto fuera de los límites del vidrio o del límite formal, de tal forma que el espacio interior se vuelque de forma más intensa a la naturaleza. Este hecho ocurre en la *Serpentine Gallery*, donde el pavimento que se establece sobre el césped libera su forma de la cubierta y de los cubículos que almacenan el programa para que el espacio fluya al jardín.

LA PLANTA LIBRE

Le Corbusier y los volúmenes en la retícula

El espacio del Movimiento Moderno se fundamenta sobre el concepto de "planta libre". Con los avances tecnológicos del acero y el hormigón, es posible la concentración del elemento estructural en un fino y esbelto elemento resistente. Esto permite la liberación del espacio frente a constricciones estructurales de tal forma que el interior queda disponible para albergar cualquier tipo de forma y función.

Este concepto está, pues, asociado a un esquema estructural de forjados continuos sobre retícula de pilares, y que puede estar relacionado a la creación de un espacio horizontal. Sin embargo para Le Corbusier la planta libre puede tomar la forma también de espacios verticales o diagonales.

La planta libre corbuseriana conforma uno de los cinco puntos para una nueva arquitectura. Le Corbusier valoraba la planta libre en tanto en cuanto le fuera útil para permitir introducir los elementos que él considerara necesarios funcional o plásticamente. Las retículas de pilares subdividen el espacio y conforman el proyecto junto al resto de elementos arquitectónicos de la imaginería corbuseriana.

Como ejemplo tomamos el *Palacio de la Asamblea* (imagen 24).En la planta podemos ver cómo en la retícula se insertan diversos elementos, como son la rampa, la forma cilíndrica del auditorio, los núcleos de comunicación, etc... Estos elementos, son los valorables y analizables por Le Corbusier. La retícula de pilares es el marco o fondo neutral donde se desarrollan el resto de formas. La configuración del espacio lo asumen las formas ajenas a la malla.

Si analizamos otro ejemplo canónico como es la "planta libre"[6] de la *Villa Saboya* (imágenes 21, 22, 23). Vemos como el concepto se repite. Las villas blancas de Le Corbusier, paradigma de los cinco puntos de la nueva arquitectura, reflejan el concepto de planta libre de Jeanneret. En la planta baja, donde el valor del *piloti* es más claro, se aprecia cómo el cerramiento ocupa gran parte del contorno de la planta. Tras el cerramiento, el protagonismo espacial lo toma la rampa y la escalera que suben a niveles superiores. En planta alta, el *piano nobile* de la villa, sucede de igual forma, la retícula proporciona un marco a los muros, rampa y escaleras.

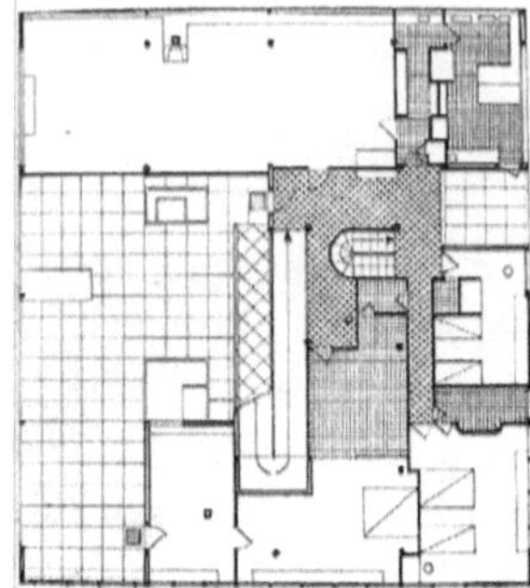 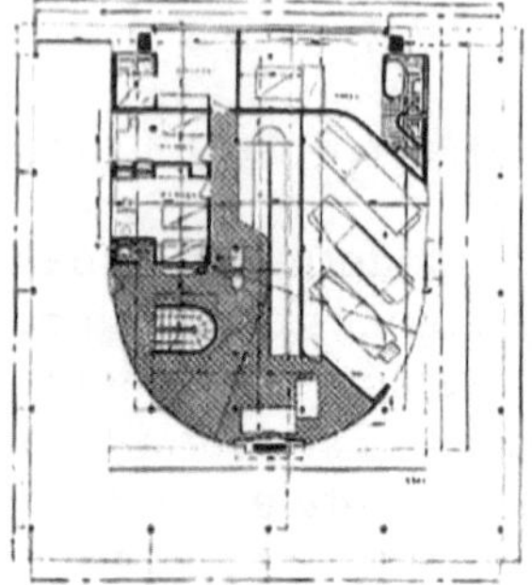

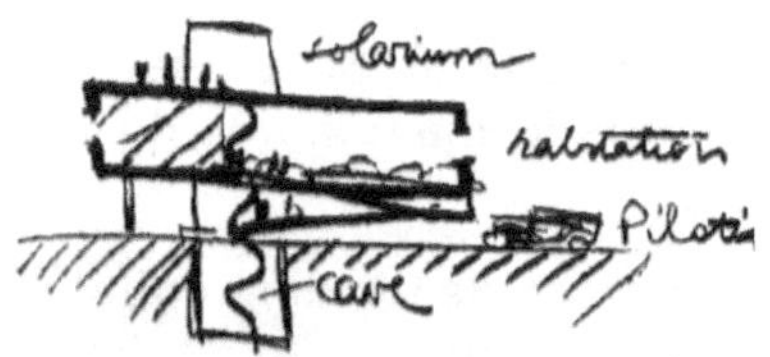

Figura 21, 22, 23. Le Corbusier. *Villa Saboya*. Planta baja, planta alta y croquis.

El pilar corbuseriano es un volumen más que dialoga con el resto. Por tanto, la planta libre de *pilotis* de Le Corbusier, toma valor como matriz contenedora de diferentes recintos o mecanismos propios al universo imaginario de Le Corbusier. En este sentido, la planta libre corbuseriana[7] no tomaría valores de mirada horizontal sino que expondría con coherencia una arquitectura basada en el volumen y la adición de los mismos.

Por tanto, la planta libre con pilotis corbuseriana, no es valorable desde el punto de vista de la belleza plástica de una retícula de pilares sosteniendo un plano horizontal, sino como un mecanismo arquitectónico que permite introducir elementos plásticos y funciones arquitectónicas con libertad.

Este hecho deviene quizás de que Le Corbusier pensaba mediante volúmenes espaciales y no por elementos lineales o superficies. De hecho, en el croquis (imagen 23) que resume el concepto espacial de la *Villa Saboya*, no aparecen dibujados la retícula de pilares, tan solo un pilar parece sustentar la casa. Le Corbusier valora mediante el croquis la libertad que obtiene al elevar la casa sobre *pilotis*, permitiendo al espacio fluir libremente, pero valorando la columna como un volumen más. Valora por el

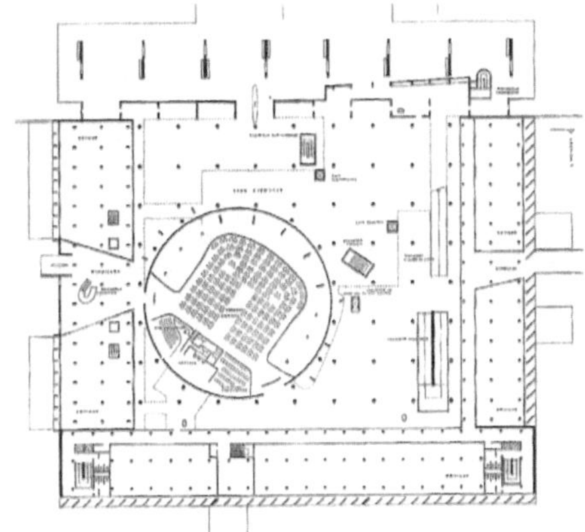

Figura 24. Le Corbusier. *Palacio de la Asamblea*.

contrario la ascensión al plano horizontal elevado de la terraza mediante el dibujo de la rampa, cuando ya en planta alta, el espacio creado por las columnas exentas se mezcla con otros elementos plásticos.

La lectura de volúmenes espaciales bajo la luz de Le Corbusier confía en una columna circular, que es, al mismo tiempo, expresión espacial de un vano estructural y, cuya agrupación, la retícula, sirve para definir células espaciales. Este concepto genera entonces la lectura del espacio como volumen, es decir, la arquitectura como un "cubo" espacial, donde suelos, paredes y techos comparten una misma identidad y continuidad, al modo de la cripta de *La Tourette*, donde el suelo y el techo son paredes horizontales.

La planta libre miesiana

Sin embargo, la planta libre miesiana participa de valores completamente distintos a pesar de tener elementos en común. Para Mies, la transposición entre suelos y techos de Le Corbusier no es posible. Los suelos y techos están separados espacial y conceptualmente por medio de la columna. La columna miesiana evolucionará desde los primeros ejemplos alemanes de una columna circular o cruciforme, hasta las columnas en H, propias del sistema constructivo americano. La columna miesiana ya no es expresión de un sistema estructural basado en pórticos, ni expresión de volúmenes espaciales encadenados. La

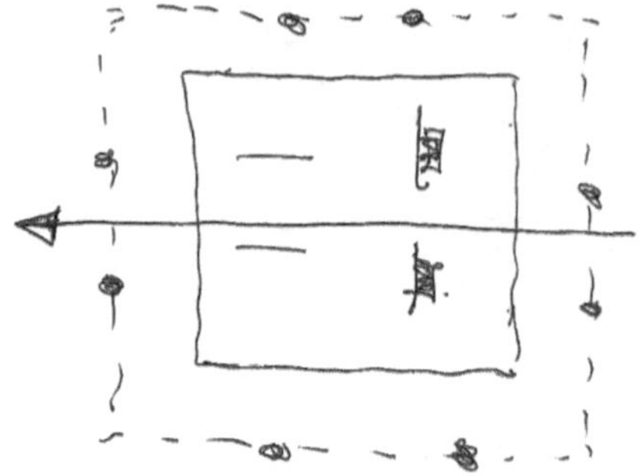

Figura 25. Mies van der Rohe, *Galería Nacional de Berlín*. La colocación de paramento y los núcleos de comunicación crean un eje espacial y una jerarquía de vistas que llevan la mirada hacia los horizontes más importantes.

columna de la planta libre de Mies permite que las paredes se separen de las columnas, y de este modo se convierten en pantallas de libre disposición según las reglas compositivas neoplásticas.

El concepto de planta libre miesiana es por tanto, una fachada libre, pero ya no libre al modo corbuseriano para establecer un juego formal de volúmenes o cerramientos, sino libre para abrirse completamente al paisaje con únicamente una pared de vidrio como límite.

La columna miesiana funciona entonces como un contrapunto vertical a los planos horizontales que llevan la vista al paisaje. De este modo, ya no interesa mostrar el sistema estructural, sino que la estructura de vigas queda siempre cubierta por un falso techo que enfatiza la continuidad del espacio. Mostrar la estructura equivalía a mostrar un orden que pudiera sugerir una cierta compartimentación del espacio y esto iría en contra de los postulados de la planta libre continua de Mies.

La planta libre miesiana[8] presenta dos formas. Por un lado los proyectos de *clear span*, como la *Galería de Berlín* o el *convention hall*, donde una

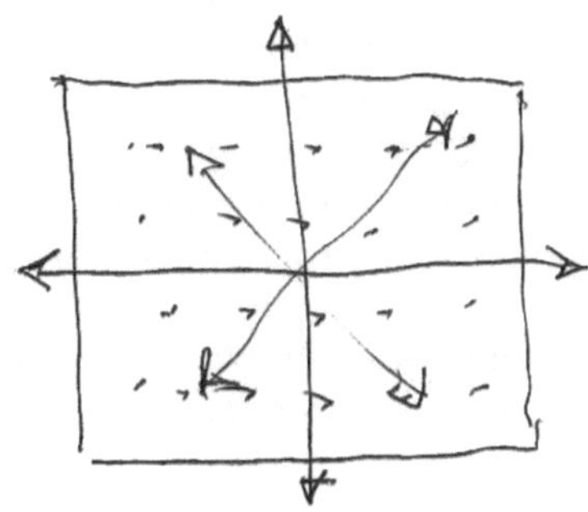

Figura 26. La propuesta espacial del *parque* de SANAA presenta una retícula isótropa dónde no se produce jerarquía espacial ni en vistas ni en recorridos. Es una propuesta cuya belleza reside en el laberinto sin referencias que se forma.

superestructura crea un espacio completamente liberado que es ofrecido al paisaje, y por otro, los proyectos en los que Mies explora la planta libre con la retícula de columnas cruciformes, al modo del *Museo para una ciudad pequeña*. En el interior de la *Galería de Berlín*, podemos afirmar que la libertad es total. Y el espacio se vincula al paisaje. Ni siquiera las columnas estorban el uso de la planta, ya que son llevadas al exterior. Por primera vez la unión en el paisaje que se anticipaba en los años 20 con los primeros sistemas estructurales en pórtico es llevada a cabo.

Sin embargo, al observar la planta del proyecto de *Berlín* (imagen 25) observamos que la planta libre depende del eje axial y simétrico que divide al edificio en dos partes, y que es expresado mediante la colocación de los núcleos de comunicación que llevan al interior del podio. Este eje que, espacialmente toma la misión de dirigir la mirada hacia el horizonte con vistas más interesantes, marca un vector espacial.

Es decir, Mies crea orden y jerarquiza la planta libre.[9] El eje crea una simetría, y por tanto una centralización del espacio. Esta situación presenta por tanto una isotropía espacial en la estructura y en las circulaciones, mientras que el eje presenta una anisotropía en las vistas. Este hecho es distinto del concepto de retícula de pilares, que con su naturaleza repetitiva, presenta un sistema natural de coordenadas en el que no necesita referencia ni elemento adicional alguno para ordenar el espacio por si mismo, que será el tipo de espacio inreferenciado y sin jerarquías axiales que buscará SANAA con sus propuestas espaciales.

> *"[sobre la planta miesiana]. El espacio se caracteriza por su condición horizontal que se define por dos planos paralelos, suelo y techo. No es un espacio homogéneo, sino que está tensionado sutilmente por la colocación de las piezas interiores."*

SORIANO, Federico. *Sin tesis.* Gustavo Gili. Barcelona. 2004, p. 108.

Museo en una ciudad pequeña

Quizás donde Mies explore de forma más intensa el valor de la retícula y su función en la planta libre sea en el proyecto no construido de 1942 de *Museo para una ciudad pequeña*.[10] El proyecto, a medio camino entre los espacios patio y los espacios pabellón, consiste en una retícula de pilares cruciformes envueltos en un perímetro de vidrio. El espacio mirador del interior del museo queda acotado por unos muros que ayudan a definir el propio horizonte a contemplar.

Esta vez ya no hay axialidades, o al menos axialidades evidentes. Mies concede el protagonismo espacial a la retícula. Es la referencia y el orden del espacio. Pero a pesar de ellos, Mies se resiste a dejar desnuda la retícula. Necesita poner unos tabiques "flotantes" o móviles, en el espacio que, de alguna manera, dirijan la mirada y organicen los recorridos y formas de visitar el museo. Así como sitúa un pequeño patio central que evite la penumbra del espacio. Aunque pequeña, aún hay una dependencia espacial de elementos ajenos a la retícula.

Propuesta espacial de SANAA

SANAA, en proyectos como el *Park Café*, *Naoshima* o el *Museo Mercedes Benz*, despoja a la retícula estructural de todo añadido como objetos, volúmenes o ejes, que permitan jerarquizar la planta libre,[11] buscando una belleza espacial consistente en un laberinto de pilares

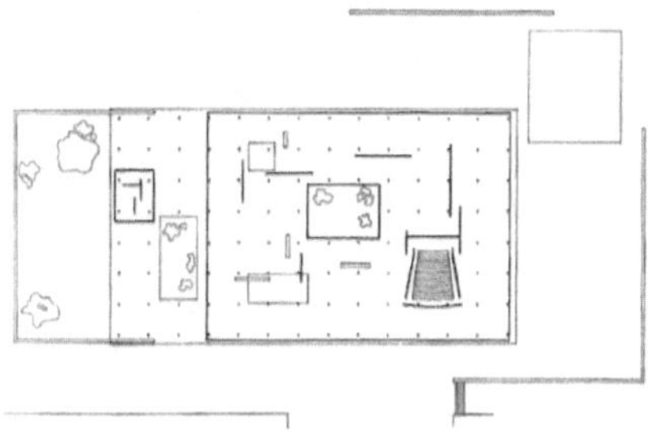

Figura 27. *Museo para una ciudad pequeña.* Mies van de Rohe.

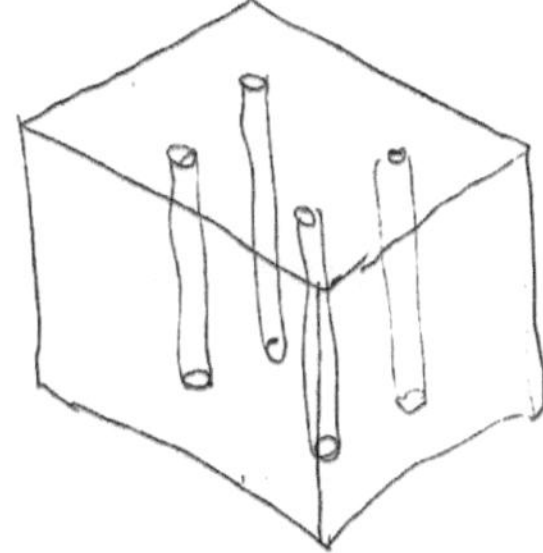

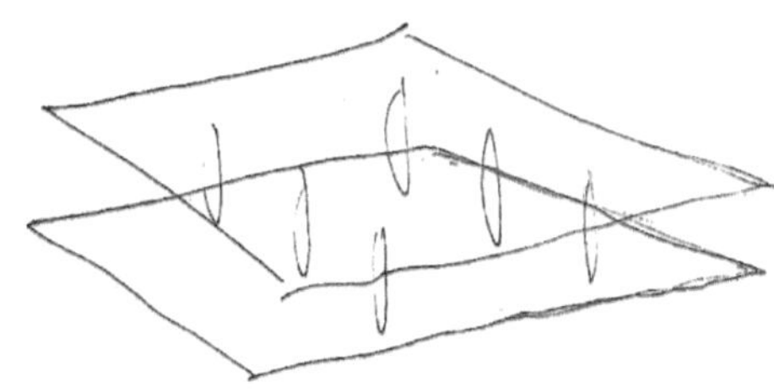

Figura 28. Sistema espacial de planta libre de Le Corbusier basado en concepciones de volumen.

Figura 29. Concepción espacial de Mies van der Rohe basada en planos y columnas.

metálicos y techos blancos sin casi ningún sentido de orientación. La retícula de pilares redondos –SANAA siempre usará pilares redondos evitando marcar direcciones del espacio–, se muestra desnuda. Tan solo los pilares y la continuidad horizontal del techo y del suelo serán necesarios para crear una propuesta de proyecto que lleve el espacio al horizonte. Quizás en el proyecto donde mejor sucede este hecho es en el concurso no construido del *Museo para Mercedes Benz*, donde únicamente la retícula y los planos superior e inferior se muestran tanto en imágenes como en planos. Son la referencia espacial.

Los mecanismos de control de la planta libre consistirán, no en añadir ejes, objetos o referencias, sino en el propio trabajo con los elementos

Figura 30. Ryue Nishizawa. *Casa de fin de semana.*

conformadores de la planta libre como son las columnas y los planos superior e inferior, de tal forma que sea imposible encontrar una jerarquía clara en el espacio. Las columnas se adelgazarán, multiplicarán, moverán y desaparecerán. De igual forma los planos serán alabeados, doblados o perforados, pero en cualquier caso, los elementos de juego serán siempre los elementos propios del sistema.

En este sentido podemos comparar la *Casa de fin de semana* de Ryue Nishizawa (imagen 30) con cualquiera de las casas de Mies. A primera vista, los dos proyectos consisten en un espacio homogéneo horizontal volcado al paisaje, pero en el caso de Mies, en proyectos como la *villa Hubbe* (imagen 31) o la *Casa Tugendhat*, el espacio interior se establece mediante la fragmentación del muro de cerramiento exterior. Sin embargo, en la *Casa de fin de semana*, la distribución interior es compleja, soportando múltiples lecturas y compartimentaciones sin que seamos capaces de organizar un único sentido espacial a la casa.

La propuesta de SANAA es también infinita. En el *laberinto* no hay restricciones ni jerarquías de tamaño ni de forma. El horizonte exterior se sustituye por un horizonte interno que es el que acoge la mirada, como

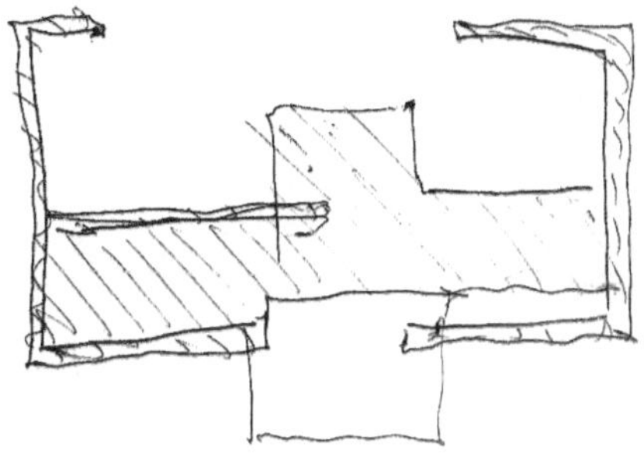

Figura 31. Mies van der Rohe.
Villa Hubbe.

ocurre en *Mercedes Benz* o en el *Centro Rólex*. El *laberinto* y el espacio horizontal de SANAA prescinde de la jerarquía creada por la vista del paisaje exterior llevando al infinito las proporciones de la planta.

Sejima estaría entonces más en consonancia con las teorías de OMA y Rem Koolhaas[12] acerca de una arquitectura donde la libertad se produzca tanto en planta como en sección. Es gracias a este concepto, mediante el cual los planos comienzan a alabearse, buscando una libertad de jerarquías en planta mediante la sucesión monótona y ritmada de la estructura, pero de algún modo rompiendo el espacio estático en la sección. La ondulación no se opone al concepto de fluidez de la planta libre miesiana, sino que lo dota de un significado distinto mediante la introducción de horizontes internos definidos por las ondulaciones.

Es entonces, objetivo de estudio de este libro, como SANAA presenta, apoyándose en los hallazgos del Movimiento Moderno, una propuesta espacial distinta a las realizadas hasta entonces. Para ello, las herramientas serán el *laberinto*, la sustitución de jerarquías convencionales por jerarquías propias y una reducción al máximo de los elementos esenciales y necesarios para la formación del espacio.

Esquema comparativo

Figura 32. Esquema de planta libre de Le Corbusier. La retícula es una matriz donde acoger elementos de diverso carácter plástico.

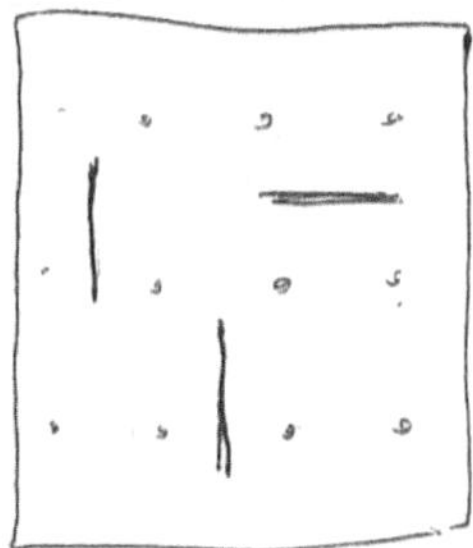

Figura 33. Esquema de planta libre de Mies van der Rohe. Unos tabiques verticales organizan las referencias y las circulaciones en el espacio.

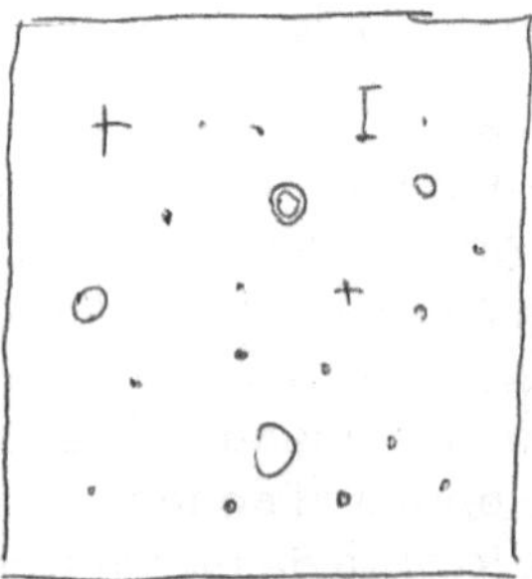

Figura 34. Esquema de propuesta espacial de **OMA** en el *Palacio de Congresos de Agadir*.

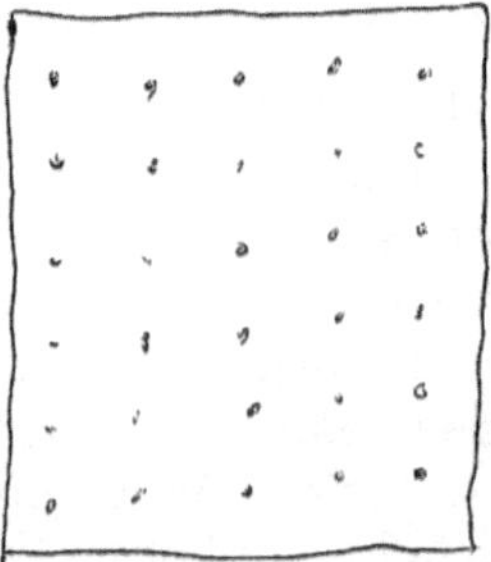

Figura 35. Esquema de propuesta espacial de **SANAA**. La retícula ordena el espacio creando un *laberinto* sin referencias.

Figura 36. *Palacio imperial de Katsura.*

EL *PARQUE* DE SANAA EN RELACIÓN A LA NOCIÓN JAPONESA DE ESPACIO ARQUITECTÓNICO

La influencia de la casa tradicional japonesa en la obra de Kazuyo Sejima y Ryue Nishizawa es parte de numerosas contradicciones. Desde el punto de vista occidental algunos autores pretenden ver que el uso de placas delgadas o particiones finas proviene del sistema de tabiqueria tradicional de *shoji*. Sin embargo, cuando Kazuyo Sejima es preguntada por este tema, revela que, en realidad, un tabique de acero macizo de 16mm está muy lejos del tabique de papel japonés.[13]

Se entiende por tanto en estos textos que el entendimiento o referencia de SANAA a la casa tradicional japonesa es un acercamiento, en cierto modo, lejano. Aunque a simple vista muchos elementos tradicionales parece ser fácilmente trasladables a la arquitectura de SANAA, de hecho, su función y su concepto son radicalmente distintos. No por ser las paredes delgadas, son paredes shoji japonesas. Forma, estructura, material y límite son realizados partiendo de sistemas distintos. Sin embargo, creemos útil el estudio de los elementos de la vivienda tradicional porque ayudará a clarificar posteriormente los elementos proyectuales de las obras de SANAA.

La casa tradicional japonesa es, en esencia, un espacio horizontal vinculado de forma indefectible al jardín exterior (imagen 36). Como la propia Sejima explica, muchos de los conceptos provenientes de la casa japonesa son aprovechados y reinterpretados.[14]

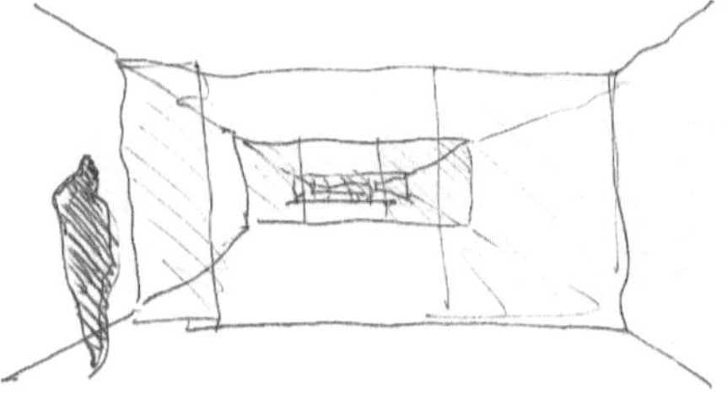

Figura 37. Espacio secuencial de la casa tradicional japonesa a través de los *shojis*.

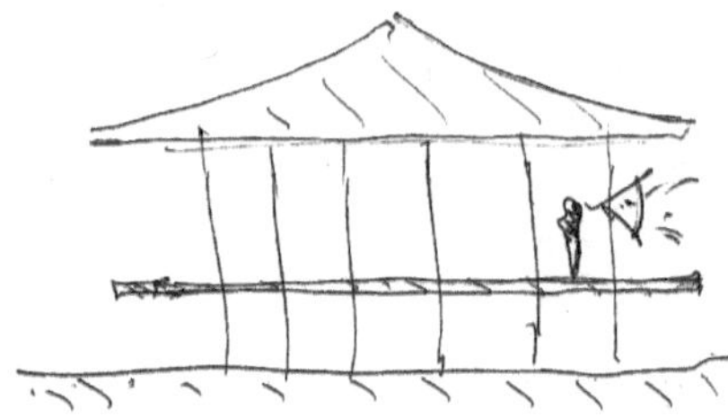

Figura 38. Esquema espacial de la casa japonesa tradicional.

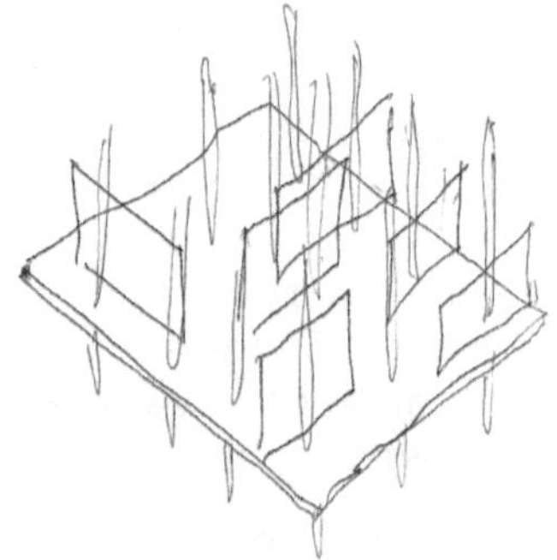

Figura 39. Estructura de la casa japonesa. Una retícula de pies derechos se alza sobre una plataforma elevada del suelo. Sobre ella láminas de *shoji* deslizan matizando los espacios.

Desde el punto de vista de este libro, el estudio de la casa tradicional se desmarca del estudio histórico, artístico o descriptivo, para realizar un acercamiento a la forma y fondo del espacio japonés. Siguiendo la pauta del resto del trabajo, se procederá a estudiar los elementos proyectuales, por separado, que conforman el mecanismo arquitectónico que origina la casa japonesa tradicional.

La composición de la casa tradicional japonesa es sencilla. Una retícula de pilares de madera es rodeada por una galería porticada –*engawa*– que sirve de acceso. El espacio interior de la casa se subdivide y cierra mediante paneles móviles de papel llamados *shojis* para favorecer la ventilación natural. Y todo el sistema se eleva del suelo creando una plataforma elevada para poder luchar contra la humedad exterior (imagen 38). Frente al podio estereotómico del templo griego que era una plataforma pegada a la tierra, el plano inferior de la casa japonesa es una plataforma horizontal tectónica hecha de madera y materiales ligeros. Es la plataforma de la cabaña,[15] donde las operaciones espaciales son de añadir, anudar y tejer más que la sustracción estereotómica.

La casa tradicional japonesa es un sistema de espacio horizontal isótropo. Simplemente una estructura en retícula de pies derechos de madera sin principio ni fin que se multiplica y desdobla para hacer frente a los terremotos. Es uno de los sistemas espaciales más cercanos al Movimiento Moderno. No hay centros del espacio en la casa japonesa, como tampoco hay espacios servidores ni servidos. La eliminación de jerarquías clásicas que se producirá más tarde en los proyectos de SANAA es anticipada en la casa tradicional.

De igual modo, la privacidad no se regula mediante el cierre de habitaciones, sino en el número de *shojis* a atravesar, de la misma forma que luego ocurrirá en los proyectos de espacios horizontales por acumulación de SANAA.[16]

En la casa tradicional japonesa no hay salón, no hay dormitorios, o cocina. Tan solo el cuarto de baño es un habitáculo colocado fuera de la casa. Las divisiones comunes de la vivienda occidental son abolidas en el Japón tradicional. El espacio es único e isótropo. Como luego veremos en el *parque* de SANAA, lo que define el uso del espacio es el mobiliario. La casa será dormitorio cuando para dormir se saquen unos futones almohadillados y se tiendan sobre los *tatami*. La casa tendrá un estar cuando unas ligeras almohadillas sean colocadas para poder sentarse en *seiza* para contemplar el paisaje y disfrutar de la conversación.

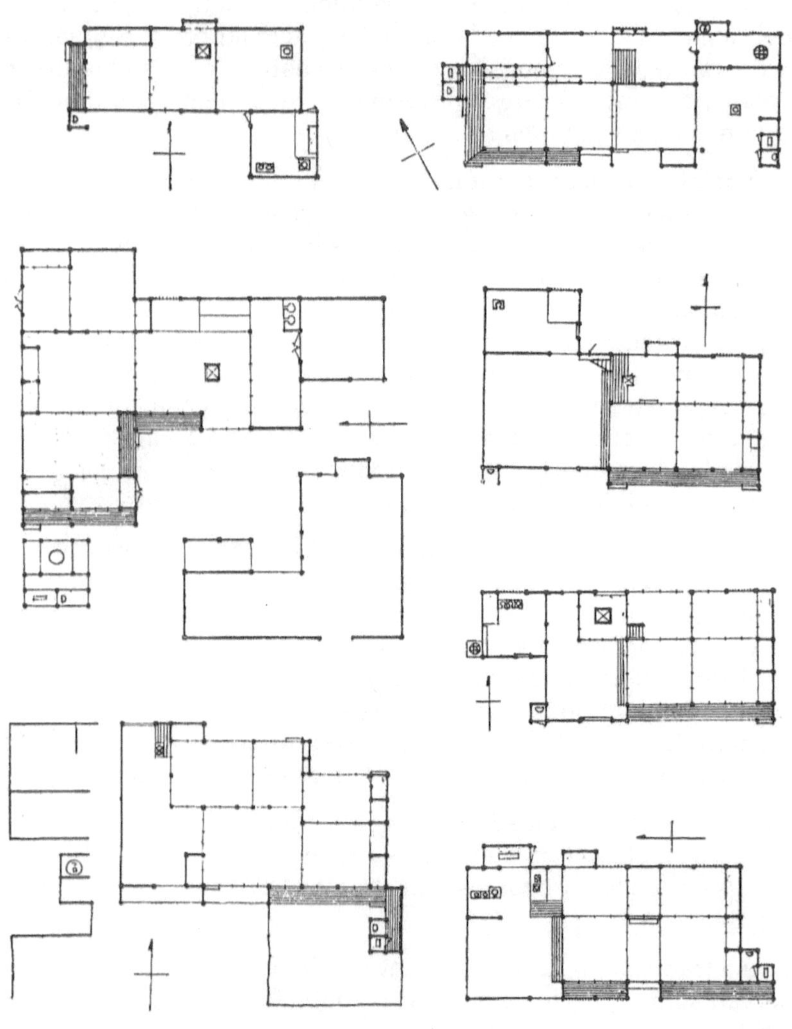

Figura 40. Plantas de casas tradicionales japonesas mostrando la situación de los pies derechos, y el *engawa* (sombreado en rayado). Asimismo también se muestra la separación mediante los paneles correderos de *shojis*.

La casa es pues, por necesidades climáticas, un espacio completamente abierto donde no es posible colocar tabiques fijos que impidan la ventilación total u obstaculicen los diversos usos que puede tener la casa.

Dos circunstancias definen el espacio homogéneo e isótropo de la casa tradicional japonesa. Por un lado los fuertes seísmos que necesitan de una estructura ligera y sobredimensionada que permita que el colapso de algunos elementos no desemboque en la caída total de la casa. Este concepto genera el espacio de la sala hipóstila ligera o de retícula desdoblada y que más tarde SANAA convertiría en la estructura malla del *bosque* donde la situación, grosor y distancia entre pilares crea espacios con una nueva idea estructural y espacial.

Por otro lado, la gran humedad del Japón condiciona la forma de cerrar la casa japonesa y su elevación unos centímetros del suelo para no coger humedad. Los *shojis* más que cerrar la casa, la matizan de luces y organizan asimismo la división de espacios, de tal modo que el aire circule libremente por todo el espacio interior de la casa.

Por tanto, en el ámbito de la organización espacial, la casa japonesa manifiesta su homogeneidad e indiferenciación respecto a la orientación cardinal o a una organización clásica en cuanto a espacios servidores y servidos. Si observamos la planta de la *Villa Imperial de Katsura* (imagen 41) vemos que ésta se organiza en pequeños cubículos en base a la retícula de pies derechos creando espacios de similar valor espacial, donde la privacidad la da la lejanía a la entrada o el número de paredes de shoji a atravesar. Este concepto, cientos de años más tarde, será la base del *Showbourg Almere* (imagen 42) de SANAA, donde el espacio se forma también por adición de espacios cúbicos de distinto tamaño en base a una retícula de tabiques estructurales.

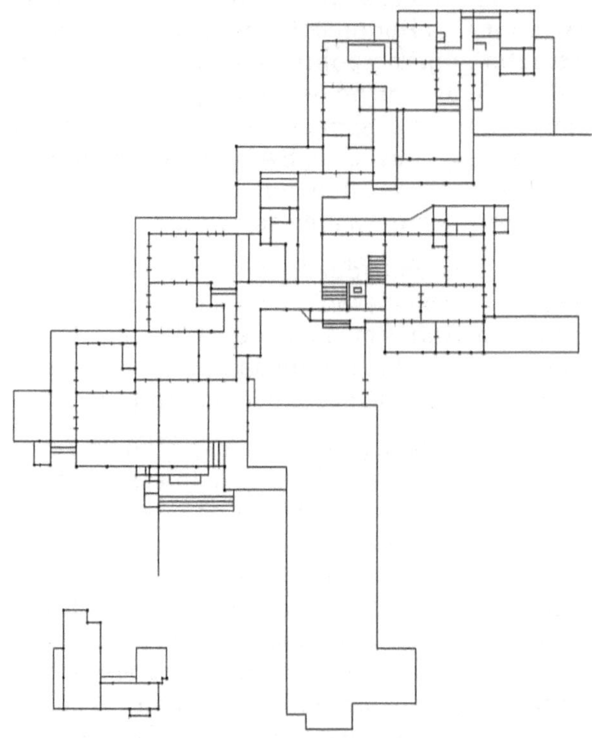

Figura 41. *Villa imperial de Katsura.* Se muestra la estructura de pies derechos y la compartimentación en base a las correderas de *shoji*. El proceso de formación de la planta es similar al que veremos cientos de años mas tarde en el *Showbourg Almere* de SANAA. La planta crece de forma ilimitada y sin jerarquía visible manteniendo todas las estancias igual importancia.

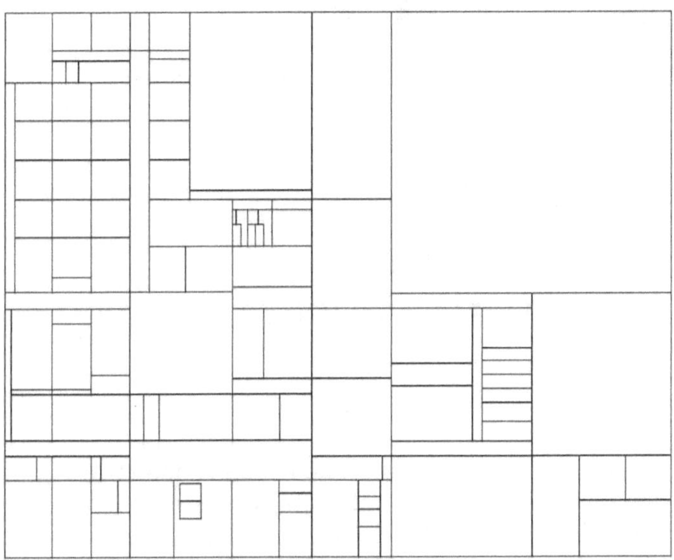

Figura 42. *Showbourg Almere*. SANAA. Comparación con
la *Villa Imperial de Katsura* a la misma escala. A pesar de
contar con procedimientos constructivos distintos, chapas
portantes de acero para SANAA y pies derechos de
madera y *shojis* para *Katsura*, los procesos de formación
del espacio por acumulación de estancias son similares.
No hay jerarquía visible, ni principio ni fin. La privacidad
se regula por la distancia a la entrada en un laberinto de
salas de difícil orientación.

Figura 43. *Engawa* de la casa tradicional japonesa.

CATEGORÍAS PROYECTUALES DE LA CASA TRADICIONAL JAPONESA

El *engawa*

El *engawa* es la galería porticada que rodea la casa tradicional japonesa (imagen 43) y que, hacia el lado interior, está delimitado por *shojis* y hacia el exterior únicamente *limitado* por la estructura de la casa. Tradicionalmente tenía varias funciones. Por un lado regulaba la entrada de luz a la vivienda evitando la luz intensa de sur y proporcionando una penumbra uniforme a la casa. Además servía como un espacio exterior protegido de la intensa lluvia del Japón. Por otro lado realizaba la función de espacio previo a la vivienda; de umbral al hogar. Era el lugar anterior donde el visitante era descalzado y procedía a entrar en los *tatamis* de la casa.

Estudiándolo desde el punto de vista del tema que ocupa el objetivo de este libro, el *engawa* es en realidad el mecanismo arquitectónico que gradúa y organiza la relación del espacio interior de la vivienda con el espacio exterior. Es, por usar una versión simplificada del concepto, un espacio colchón entre interior y exterior, o entre vivienda y jardín. El *engawa* permite que la distinción entre interior y exterior no sea tan clara, no sea tan tajante y se permitan límites más difusos entre las dos zonas de la vivienda como son los espacios interiores y los jardines.

Figura 44. El *engawa*. Formas de relación
con el límite. De izquierda a derecha y de
arriba a abajo: *Museo Kanazawa, Park Cafe,
Casa de fin de semana, casa en el huerto de
ciruelos, Zollverein, Casa S.*

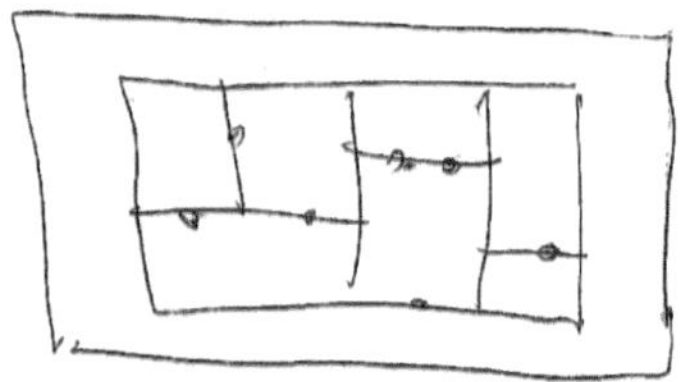

Figura 45. Croquis de la casa tradicional japonesa mostrando la estructura de pies derechos y *shojis* rodeados por un *engawa* que actúa como control térmico, lumínico y como umbral a la casa.

Figura 46. Croquis del *Museo de Kanazawa*. SANAA.

Figura 47. Croquis de la *Casa S*. SANAA.

El control del ancho del *engawa*, de su estructura, de su altura, de su material, etc., permite el control de cualidades en el interior de la vivienda como la cantidad de luz, la cantidad de ventilación o la cantidad de jardín percibido desde las estancias vivideras.

Es un concepto alejado del occidental *porche* o *marquesina*, ya que éstos actúan sobre el espacio exterior, sin embargo el *engawa* actúa sobre exterior e interior.

Desde un punto de vista conceptual y amplio, el *engawa* es la forma de percibir el límite en la arquitectura doméstica japonesa. Un límite que no es una frontera o línea divisoria entre espacios exteriores o interiores, sino un filtro espacial, un colchón de aire que gradúa la separación entre espacios de la vivienda techados, y espacios de la vivienda sin techar o jardines.

La galería del *engawa*, espacialmente, es el elemento clave del sistema arquitectónico tradicional japonés que la arquitectura de SANAA recuperará e incorporará en muchos de sus proyectos para graduar, organizar o filtrar la relación con el espacio exterior o jardín dándole un significado distinto. Como veremos posteriormente, proyectos como el *Museo de Kanazawa*, la *Casa de fin de semana* o el *Pabellón de Vidrio de Toledo* incorporarán este poderosísimo mecanismo proyectual como modo de relación con el exterior, pero interiorizándolo y dándole un valor espacial completamente nuevo.

El *shoji*

Los *shojis* son los paneles de papel que compartimentaban y cerraban la casa tradicional japonesa. Normalmente estaban enmarcados en bastidores de madera y eran correderos para permitir la modificación del espacio. En la constitución del espacio horizontal, lo que nos interesa, es que por medio de los *shojis*, se controlaba la luz, tamizando aún más la recibida de el *engawa* y se organiza la estructura y los recorridos (imagen 45). La falta de una jerarquía clara en la vivienda japonesa se controlaba mediante la apertura y el cierre de estos tabiques móviles. Dichos paneles no creaban estancias más importantes que otras. En realidad si observamos los palacios tradicionales, observamos que la mayoría de habitaciones eran del mismo tamaño y que únicamente la apertura de los paneles de *shoji* permitía la modificación del tamaño de la sala.

En términos espaciales, podríamos afirmar que la unión de *shojis* y *engawa*, controlaban la influencia de la luz y la relación con el paisaje. Ambos mecanismos, creaban una luz uniforme horizontal en el interior de la casa. Alejada de la luz intensa, el espacio más bien era una penumbra construida.[17]

Asimismo los shojis, creaban un espacio secuencial en el que la privacidad se medía según el número de paneles de *shoji* que se tenía que atravesar. Estas divisiones dejaban fuera conceptos como salón, cocina o dormitorio. Todos los espacios eran de igual valor y compartían la misma jerarquía. Cada *shoji* filtraba el espacio de una forma y este filtro se añadía al filtro[18] anterior matizando y definiendo la isotropía espacial de la casa. Este concepto será aprovechado por SANAA en los proyectos de *parques* por acumulación que estudia este libro, al estar formado el espacio por un número infinito de habitáculos de similares características que se van recorriendo en una secuencia.

SANAA aprovechará algunas características de este espacio lumínico japonés. Si bien en sus obras, descarta mayoritariamente la penumbra, aprovecha por el contrario todas las cualidades posibles de la luz difusa.

En la construcción del espacio horizontal de Kazuyo Sejima y Ryue Nishizawa no hay vectores de luces intensas al modo del *Panteón* romano, por el contrario, una luz difusa inunda el espacio aprovechando mecanismos como el *engawa* tradicional y las paredes como filtros de luz. En este gran espacio horizontal difusor de luz, el color blanco jugará un papel importantísimo a la hora de contribuir a la continuidad del espacio.

La estructura

En la casa tradicional japonesa, la estructura era un armazón de pies derechos de madera y una estructura de vigas con un sencillo tejado. Fácil de construir, barata y fácilmente reconstruible debido a los terremotos. Espacialmente, la estructura era una retícula en forma rectangular con algunas modificaciones o añadidos. Dicha estructura, junto con los paneles *shoji* creaban una de las características más importantes de la vivienda japonesa y que luego aprovechará SANAA en sus obras: la falta de una jerarquía habitual de espacios servidores y servidos.

En términos espaciales, el espacio de la vivienda japonesa, es infinito. No hay principio ni fin, ni espacios más importantes que otros. La

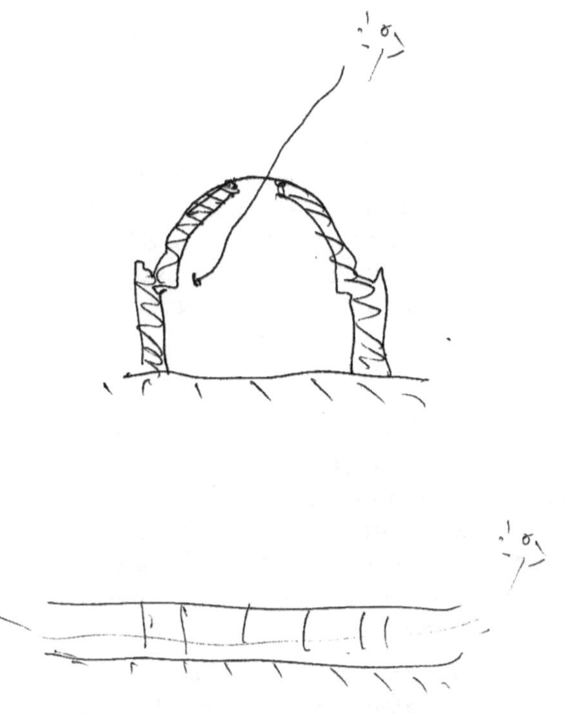

Figura 48. Arriba. La luz sólida de sur de *El Panteón de Agripa*. Abajo. La luz horizontal homogénea de la casa japonesa.

retícula de pies derechos crea un espacio que puede prolongarse
hasta el infinito, y en el cuál, los *shojis* se mueven independientemente creando o cerrando estancias. Es, en realidad, un laberinto
en el que no existen orientaciones espaciales ni referencias.

La casa tradicional japonesa no presenta axialidades marcadas.
No hay ejes compositivos que organicen la planta. La organización
espacial se basa en unas mamparas móviles de papel que se deslizan entre los pies derechos de la estructura pero sin crear pasillos
ni estancias diferenciadas.

Estas características, son perfectamente extrapolables al Movimiento Moderno. El espacio continuo horizontal, clave de los logros
de Movimiento Moderno, es de nuevo una isotropía infinita de una
retícula de una estructura portante de acero. SANAA recuperará
ambos aspectos en su propia definición de espacio horizontal y les
dará un nuevo impulso como veremos a lo largo de este libro.

El *tatami*

Los *tatamis* son las esterillas de 1.80m de alto por 90m de ancho que
se colocaban como pavimento de las casas tradicionales japonesas.
Sobre ellas se dormía y sobre ellas se realizaba la vida. Desde el
punto de vista de este trabajo, nos interesa que el tatami era usado
como sistema para la modulación de la casa. Una casa medía la cantidad de personas que pudieran dormir en ella.

Sin embargo, los *tatamis* son el resultado de la unión de la casa japonesa con el paisaje. Los *tatamis*, son, en realidad, como la hierba, y
el japonés se sienta sobre ellos con una sensación parecida, de tal
modo que al sentarse varios juntos se sentían unidos por el vínculo
común de la naturaleza. Este suelo blando, como metáfora del césped, es el resultado espacial del *continuum* con el jardín que es la
casa tradicional.

De este modo, el tránsito entre el césped del jardín exterior, la
madera del *engawa*, y las esterillas acolchadas de los *tatamis* constituía un camino que no mostraba el acceso a un interior, sino que
intenta mostrar una continuidad con la misma naturaleza que rodea
la casa. Añadido a este concepto, está el problema del clima en
el Japón, donde se alternan humedades enormes con días de sol

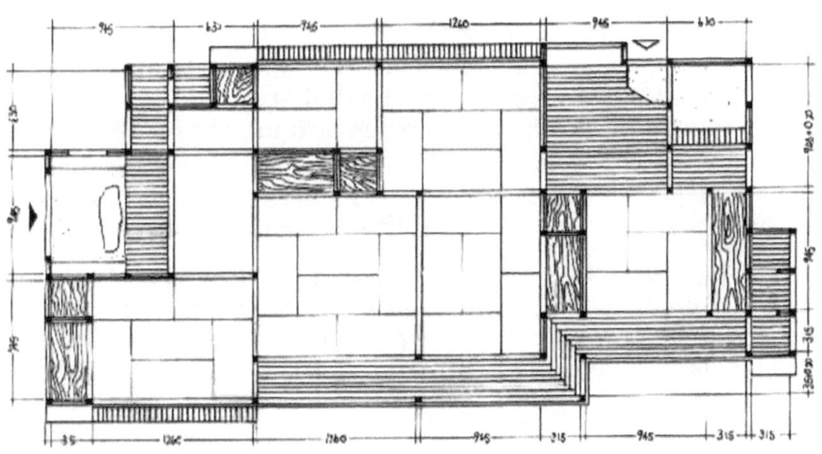

Figura 49. Planta de una casa tradicional
japonesa mostrando la subdivisión de *tatamis*.

auténticamente calurosos. El *engawa* de madera, actúa también como un regulador térmico; de ser de piedra o baldosa cerámica el suelo del *engawa* o del interior de la casa, éste acumularía calor y más tarde lo despediría, con lo que es importante colocar materiales de baja inercia térmica como la madera.

Los *tatamis* constituyen el módulo de medida de la casa tradicional. Toda la casa se mide por módulos y submódulos del *tatami*. Sorprende la dificultad de percibir el espacio interno una vez que uno está dentro de ella. Este hecho, no está definido por la altura de la población japonesa como se puede pensar, sino que a falta de muebles, y de donde sentarse, el espacio de la casa japonesa esta creado para ser contemplado mientras uno está sentado en *seiza*[19] con la vista a 60cm del suelo, ya que todas las actividades pueden ser hechas desplazándose de rodillas por toda la casa. Este hecho define el resto de proporciones de la vivienda. Del mismo modo que la altura libre de las casas de Mies van der Rohe se sitúa en 3.20m para crear una simetría horizontal a la altura de la vista, las proporciones y escala de la casa japonesa están pensadas para una altura de ojos de 60cm.

Este hecho está reforzado por la sombra construida que es la casa japonesa. Debido al alero del *engawa* y a los *shojis*, la luz que entra en la casa es escasa, debido a ello, es posible disponer de más luz si se permanece arrodillado en *seiza*.

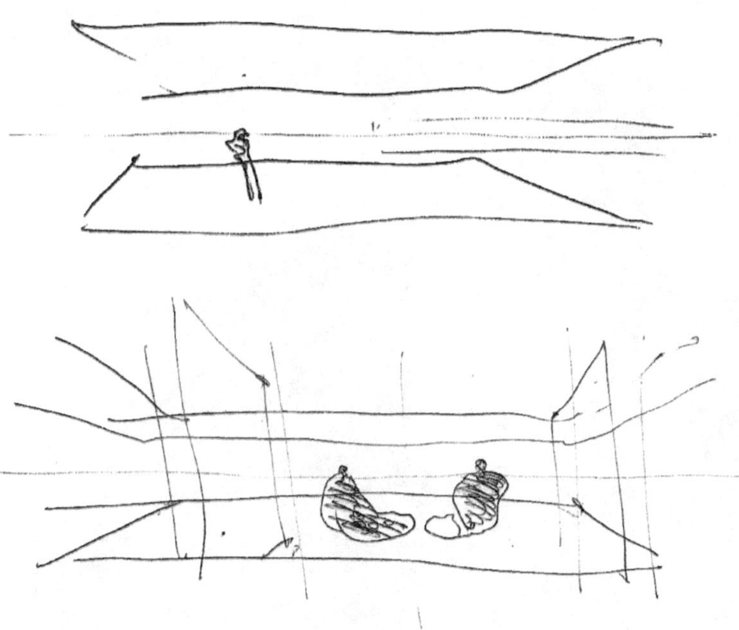

Figura 50. Arriba. Esquema espacial de las
casas patio de Mies van der Rohe con 3.20m de
altura libre que provoca una simetría horizontal
de la mirada. Abajo. Croquis de la visión en
una casa tradicional japonesa, pensada para la
percepción del hombre sentado o en *seiza*.

3.

¿QUÉ ES UN *PARQUE*?

"Entonces estaba interesada en hacer ese tipo de espacio, una especie de parque, semejante al concepto de parque japonés. Esta clase de espacio permite a gente de diferente tipo estar en un mismo espacio al mismo tiempo. Gente diferente y de generaciones distintas pueden compartir un mismo espacio, pueden estar juntos. Asimismo en un parque se puede reunir un gran grupo, pero al mismo tiempo una sola persona podría estar cerca en soledad leyendo un libro o bebiendo zumo. Me gusta esa sensación o este carácter, en los edificios públicos."

SEJIMA, Kazuyo. *El Croquis* 121/122. Entrevista, p. 23.

SANAA al hablar de los objetivos de sus proyectos, raramente usa el concepto tradicional de espacio para referirse a ellos. El concepto corbuseriano de espacio como el juego magnífico y sabio de los volúmenes bajo la luz, se desvanece, ya que en la arquitectura de SANAA no hay volúmenes y no hay luces. El volumen se desvanece en función del programa; y la luz sólida que atraviesa los volúmenes se pierde en una luz homogénea que no crea sombras, no perfila volúmenes ni ayuda a dar la sensación de "vacío espacial" frente a "lleno".

El *parque* es, en realidad, una arquitectura en la que se busca que el propio usuario añada flexibilidades que no están contempladas en los espacios arquitectónicos convencionales.

Un error común consiste en, debido a la morfología de la palabra *parque*, confundir el concepto de *parque* con el concepto de jardín. Una aproximación simple y escasa al espacio *parque* sería ver que SANAA construye edificios como jardines, o de que de alguna manera, el jardín exterior penetra en el proyecto de arquitectura. Sin embargo este sería un concepto disminuido del *parque*. Entender el *parque* únicamente como un concepto arquitectónico referido al jardín, a la vegetación, o tan solo relacionado con la naturaleza, es un concepto confuso y erróneo.

Igual de parques son el *Park café en Koga* o el *pabellón para la Serpentine Gallery*, que están rodeados enteramente por un paisaje natural, como el *Museo de Mercedes Benz* o el *Museo de Arte Contemporáneo de New York* que están situados en medio del paisaje urbano.

Por tanto, si no podemos únicamente entender el *parque* como un espacio relacionado con la naturaleza o un lugar donde las barreras entre arquitectura y paisaje natural se borren, ¿cómo podemos entonces entender a Sejima cuando afirma que busca que sus edificios sean *parques*?

JJP. - Some years ago, you talked about your projects as ´parks´, referring to the concept of a Japanese park where a lot of actions may be shared in the same place, is this concept still useful to describe your last projects? Have the ideas of the ´park´ changed in the last years of working?

SEJIMA. - The park is still very much at the centre of our designs. We like the idea of creating spaces where the function is free and programs are overlapping. Recently we have started to use undulating ground planes, like a park in the mountains, where people can still determine their own use of the space but there is a little more differentiation between activity areas. In the Rolex Centre the park space moves up and down and each area is softly defined by the nature of the slope, the relationship to the ground and the view across the city.

(Fragmento de la entrevista realizada a Kazuyo Sejima por el autor del libro.)

El *parque*[20] de SANAA es en realidad un espacio nuevo de relaciones, un espacio relacional donde las antiguas fronteras de la arquitectura se diluyen. Frente a las arquitecturas regidas por reglas y funciones predeterminadas, SANAA apuesta por un espacio en el que se cree una cierta libertad, donde sea el propio habitante el que defina como usar el edificio. SANAA dota a sus proyectos de azar, librándolos de los usos formales de los espacios. Este azar permite borrar las fronteras, no solo entre el espacio interior y el exterior, sino también entre programa y uso, entre cerramiento y estructura y entre público y privado.

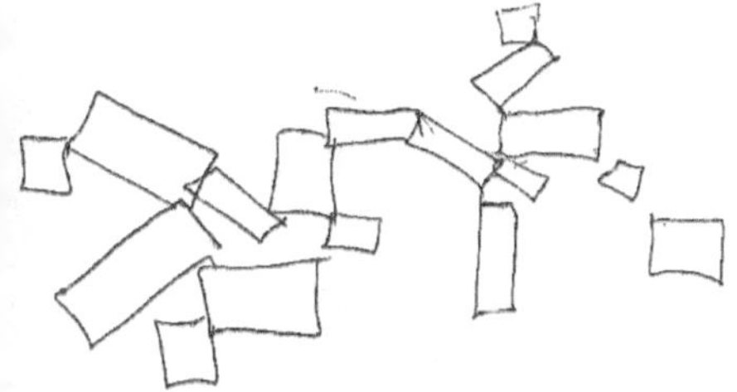 

Figura 51. Tipos de límite con el paisaje.
Izquierda. *Museo Tomihiro*. Derecha. *Towada Art Center*. La relación con el paisaje se establece a través de los intersticios resultantes de la fragmentación de la forma.

LÍMITES BORROSOS

Según hemos visto, el *parque* es un espacio donde las barreras arquitectónicas tradicionales cambian. Esto no significa que estas barreras desaparezcan sino que toman un nuevo significado. SANAA busca poner en relación interior y exterior de diversas formas y mecanismos. Unas veces será mediante la realización de límites tan etéreos que sea imposible diferenciar entre interior y exterior, como en el *Pabellón para la Serpentine Gallery* otras mediante la situación de un espacio de amortiguamiento que medie entre esas relaciones.

En el *Park Café Koga*, se busca una estructura arbórea que dialogue con la naturaleza exterior, mientras que en la *casa de fin de semana* (imagen 55), el diálogo con el exterior se produce con la colocación de tres patios perimetrales que permiten la introducción de la naturaleza al interior de la vivienda, creando un espacio de jerarquías distintas, ya que la casa puede asumir distintas configuraciones espaciales gracias a la libertad dada por la estructura.

Del mismo modo que con la relación interior-exterior, el *parque* deconstruye la dicotomía tradicional entre espacio público y espacio privado. Por medio del *parque*, Sejima y Nishizawa cuestionan la demarcación de los conceptos de intimidad a través de la mera forma

Figura 52. Tipos de límite con el paisaje.
Izquierda. *Casa S*. Derecha. *Museo de Kanazawa*. El límite del proyecto es un espacio colchón perimetral que regula la relación con el medio.

física de la estructura. En el *centro Roléx* (imagen 54), la convencional forma de separación de espacios privados –la tabiquería–, es sustituida por unas dunas que permiten diferenciar o valorar los espacios mediante la altura o la separación entre ellos o la obstrucción de sus vistas. Esta novedosa forma espacial entronca con la *experiencia* antes mencionada y con la *incertidumbre*, pues al ser preguntados por el concepto del *centro Rólex*, los mismos autores desconocen las posibles repercusiones que pueden generar estos espacios en el comportamiento de la gente. De este modo, la experiencia personal del edificio es un material más añadido a la arquitectura de SANAA

Al sustituir tabiques por pendientes y espacios planos estables por colinas y valles, se genera un gran espacio abierto de pura geometría artificial donde se agrupan zonas de silencio y calma con zonas bulliciosas, separadas únicamente por un espacio ligado más al mundo de la percepción fenomenológica que al estrictamente arquitectónico.

Los *límites* que generan los *parques*[21] serán por tanto, conceptos fundamentales a tratar, pues es realmente el tratamiento de estos bordes o *límites* lo que permite la creación del *parque*. El *límite* será el mecanismo arquitectónico que permita ser al *parque* el lugar "relacional" donde lo público se vuelve privado, la naturaleza arquitectura, el exterior interior y el uso se confunda con el programa.

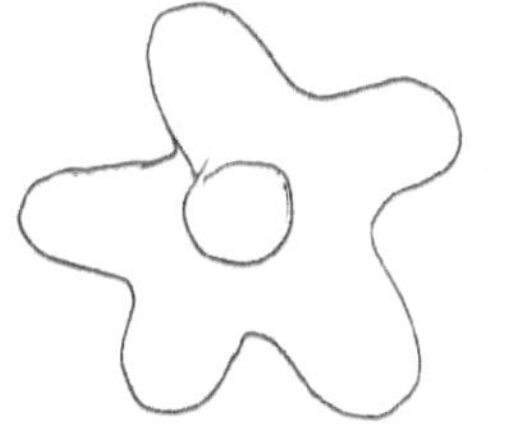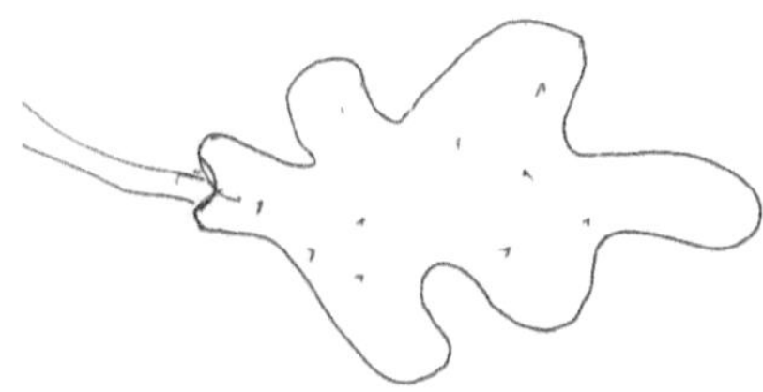

Figura 53. Tipos de límite con el paisaje. Izquierda. *Casa Flor*. Derecha. *Casa en el bosque*. El límite del proyecto es conformado a través de una superposición de capas de vidrios curvos que se vuelven opacos gracias a su reflejo.

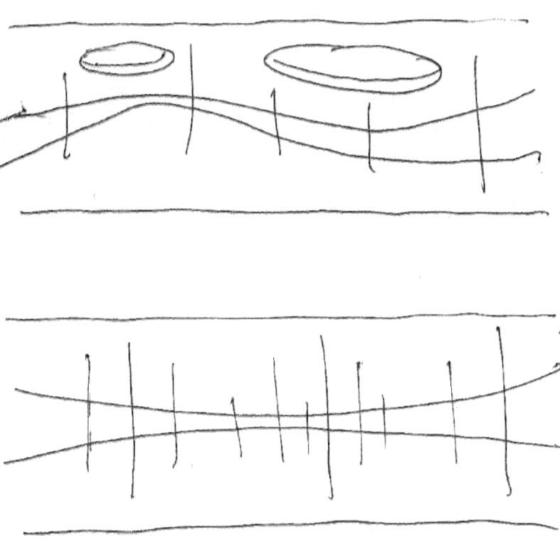

Figura 54. Arriba. SANAA. *Centro Rólex*. La jerarquía entre público y privado se regula a través de colinas artificiales que, en vez de tabiques, delimitan las funciones. Abajo. Concurso *museo Mercedes Benz*. La jerarquía entre arquitectura y paisaje se difumina gracias a las losas onduladas.

Figura 55. Izquierda. SANAA. Planta y sección de la *Casa S*. La jerarquía entre público y privado se regula por medio de un pasillo perimetral que conecta las diferentes estancias de la casa. Derecha. Planta y sección de la *casa de fin de semana* de Nishizawa. Debido a la inclusión perimetral de los patios, al sencillo cerramiento y a la estructura en retícula, el límite entre interior y exterior se difumina. No hay espacios subdivididos jerárquicamente. El uso se extiende por toda la planta. Los patios permiten una organización suave, libre de tabiques.

LA JERARQUÍA COMO CONCEPTO CLAVE DEL *PARQUE*

Gran parte del trabajo de **SANAA** consiste en la eliminación de las jerarquías tradicionales mediante los mecanismos que se estudian en este libro. Objetivo de la investigación es averiguar, encontrar y explicar las categorías proyectuales que permiten la eliminación de estas referencias. Sin embargo, no es la erradicación completa del concepto

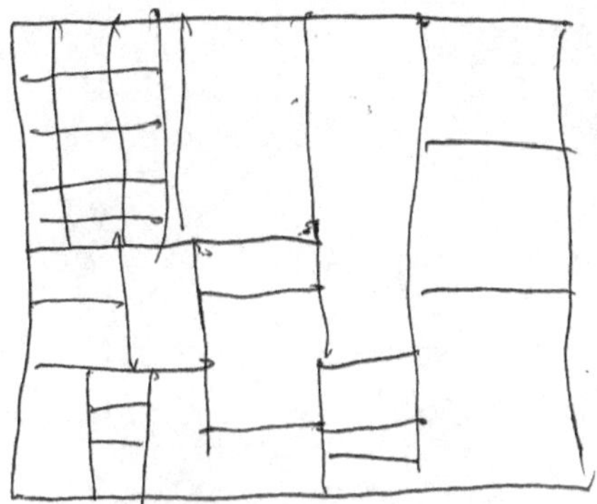

Figura 56. Jerarquía entre espacio servidor y servido. En el *teatro en Almere* de SANAA, la diferenciación entre patio, estancia, o corredor o circulación es inexistente.

de jerarquía el objetivo final, sino encontrar nuevas formas de referencia dentro del proyecto al mismo tiempo que el habitante se enfrenta a una cierta estructura laberíntica o desorientación en el proyecto como forma de belleza propuesta.

La mayor parte del pensamiento arquitectónico de SANAA está dirigido hacia la reflexión sobre los límites, jerarquías o conexiones. En las entrevistas o memorias de los proyectos, esta parte ocupa siempre el tema a discutir y a tratar. La negociación sobre el *límite* en la arquitectura.

LOS *PARQUES* CONTINUOS

Figura 57. Forma en cuadrado: Ej. *Park Café*. Forma en Círculo. Ej. *Fábrica Vitra*. Forma en flor: Ej. *Casa Flor* o *Serpentine Gallery*.

LA FORMA. EL CUADRADO, EL CÍRCULO, LA FLOR

El desarrollo y estudio de la forma en los proyectos de de SANAA ha sido a lo largo de los años fruto de una constante evolución. Si en los primeros momentos, se optó por una serie de formas simples basadas en el rectángulo, en la última hornada de proyectos como el edificio *Toyota Azuma* o los *jardines Yu-Xi*, la investigación con formas curvas es de una libertad total y constituye el principal motivo estético del proyecto (imagen 57).

En los primeros años, y durante la década de los 90, la experimentación de la planta libre basada en postulados del Movimiento Moderno tuvo como consecuencia el desarrollo de plantas rectangulares, en el que la experimentación estaba concentrada en la estructura y el plano alabeado, como pueden ser los proyectos de *Park Café, Mercedes Benz, Naoshima, Yokohama*, etc...

Incluso cuando SANAA comienza a explorar de forma libre la ondulación del plano horizontal en proyectos como *Yokohama* o *Mercedes Benz*, el perímetro siempre será un rectángulo frente a la libertad formal proporcionada por el alabeo de la losa. La caja de vidrio pues, será

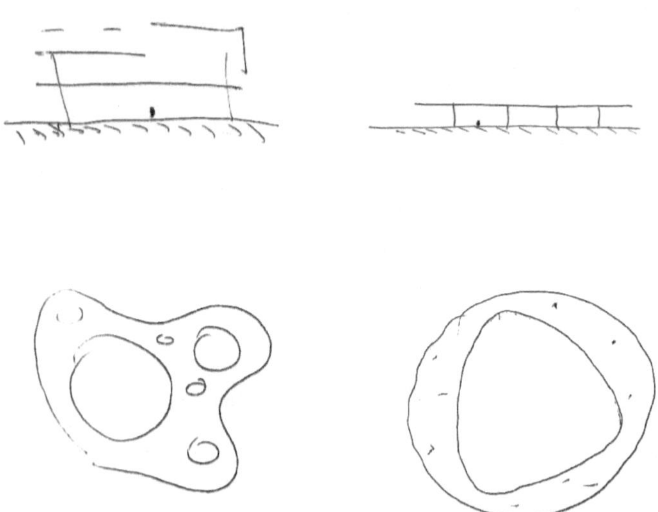

Figura 58. Izquierda. Esquema en planta y sección de *Toyota Azuma*. Derecha. Planta y sección del *Lumière Café*.

el recurso formal que permitirá a SANAA desentenderse de la forma, para experimentar con los conceptos de la planta libre. De hecho, el proyecto de *Yokohama* puede entenderse como una caja de olas de mar abierta al cielo, en el que la restricción de los límites formales del contorno, permite una mayor libertad de planta libre.

Por el contrario, en oposición a la forma rectangular, SANAA experimentará con el círculo y sus derivados como forma simple y primigenia de relacionarse con el entorno. Proyectos como la *sede de Vitra*, el *Lumière Café*, el *museo de Kanazawa*, la *casa en el bosque*, etc... muestran una forma sencilla que no necesita mayor autonomía, ni ningún añadido necesario.

La flor por el contrario, es el último de los recursos formales expresados por SANAA y el más usado en los proyectos de la última década. En proyectos como la *casa Flor*, los *apartamentos Okurayama* (imagen 59) o el

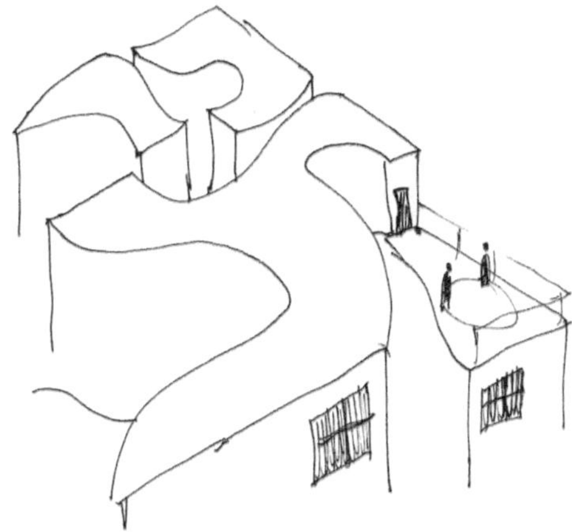

Figura 59. SANAA.
Apartamentos Okurayama.

Hotel Emona, las formas sinusoidales en planta adquieren total libertad de formas curvas. Sorprende que esta libertad es siempre en planta. La sección continúa siendo una apilación de espacios horizontales.

Parece haber un intento de mantener una cierta sencillez formal a pesar de ondular o doblar los elementos. Mientras en el *centro Rólex*, la sección es ondulada debido a las losas, el perímetro se mantiene constante. Sin embargo, en los *apartamentos Okurayama* (imagen 59) o en *Toyota Azuma* (imagen 58), siendo la planta de bordes floridos, la sección se mantiene estable. Suponemos que el siguiente paso será conjugar los dos términos: la sección de planos ondulados y el perímetro en flor.

Sin embargo, en proyectos como los *apartamentos Okurayama*, como en las *viviendas en París*, el concepto de continuidad de reflejos de la planta florida de la *casa flor* se pierde, y la creación de plantas sinuosas, cuasi barrocas, encuentra otro sentido. Parece que la razón de formas sinusoides puede ser encontrar lugares convexos y cóncavos que generen espacios de mayor intimidad para dialogar con el jardín circundante. Como una especie de naturalismo formal. El formalismo de formas ameboides de SANAA provienen de deformaciones, estiramientos o contracciones de las formas circulares o rectangulares primigenias. Esto hace que las propiedades inherentes a los *parques* se mantengan a pesar del juego formal del perímetro.

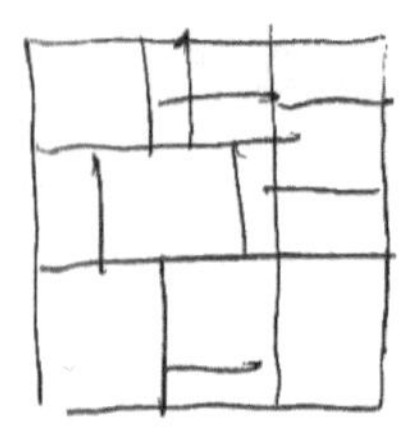

Figura 60. Izquierda. *Teatro de Almere*. Derecha. *Museo Tomihiro*.

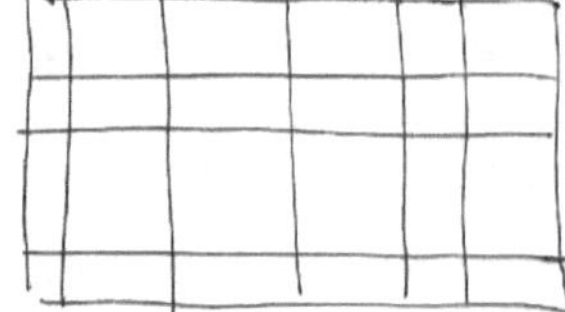

Figura 61. Izquierda. *Museo Vidrio*. Derecha. *Casa en China*.

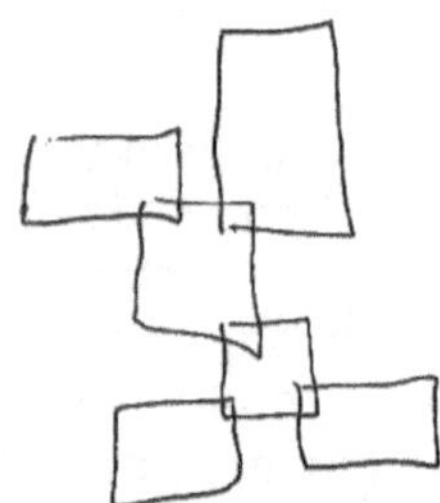

Figura 62. Agrupaciones en forma de collar.
Izquierda. *Museo Tomihiro*.
Derecha. *Towada Art Center*.

El punto más importante para SANAA de experimentación con la forma consiste en la agrupación de las formas libres expresadas en el primer punto. Este hecho desencadenará en una familia de proyectos por si misma: los proyectos por acumulación, cuyo estudio es parte fundamental de este libro.

Podemos distinguir entonces dos modos de proyectar al agrupar. Por un lado, la familia anteriormente dicha, los proyectos por acumulación, en los que la suma de espacios rectangulares de pequeña escala se disuelven para conformar un proyecto de mayor envergadura. El máximo ejemplo sería el proyecto del *Showbourg Almere*, que se estudia de forma detallada en el capítulo dedicado a los *parques* por acumulación.

Otro ejemplo puede ser el *pabellón de vidrio*, donde una serie de rectángulos achaflanados conforman una entidad mayor que se agrupa en una forma rectangular para darle identidad y cohesión.

En otros casos, las agregaciones por collar, los espacios simples se agrupan, pero cada uno continúa manteniendo su individualidad a pesar de formar una entidad arquitectónica superior, es el caso de proyectos como el *museo Tomihiro*, el *museo de arte Towada* o las *viviendas Seijo*, donde los espacios rectangulares se suman y unen como las cuentas de un collar.

A pesar de compartir similares procesos de formación, las dos familias de proyectos resultan en espacios completamente distintos. Mientras que en los proyectos por acumulación, el objetivo es crear un recorrido que cosa y unifique los diversos espacios, en los proyectos que se unen como collares, prima mucho más el espacio exterior desarrollado por la forma, así como el espacio individual creado por cada cubículo.

Esta agrupación, que fragmenta la unidad espacial del proyecto, permite entender al edificio como un magma que se va extendiendo con el paisaje en función de las condiciones de contorno. Así sucede en el *museo de Towada*, donde una serie de cajas rectangulares de diferentes proporciones se unen por medio de galerías, corredores, o simplemente juntando las esquinas. El resultado es un proyecto con infinidad de situaciones espaciales en vez de una única operación como la *casa en China* o el *teatro de Almere*.

Quizás el caso más claro sea el proyecto del *Louvre Lens* (imagen 63), donde se unen espacios rectangulares pero de diferentes características

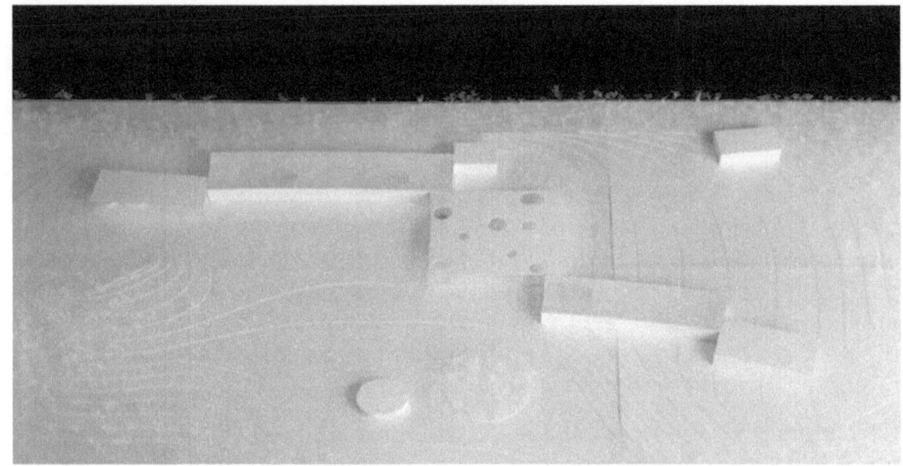

Figura 63. SANAA. *Museo Louvre Lens.*

espaciales. Por primera vez SANAA une espacios columnados con espacios sin columnas, espacios con visión al horizonte con espacios opacos, es decir, la identidad espacial de cada pieza no importa en tanto que pueda formar parte de una entidad global superior. De hecho en el proyecto parece que no hay unión entre las diferentes piezas, sino tan solo una puerta que permite pasar de una a otra. El proyecto del museo del *Louvre Lens*, es en realidad una serie de pabellones individuales unos adyacentes a otros. La agregación ya no cohesiona un interior, sino únicamente una visión de conjunto exterior y a título formal.

LOS CARTÍLAGOS

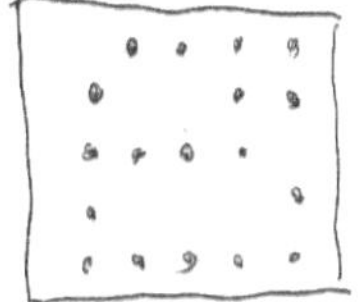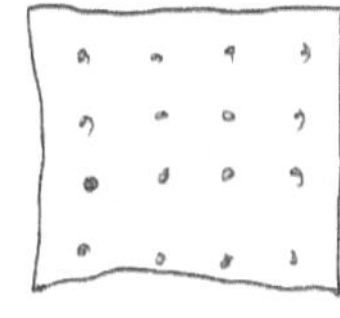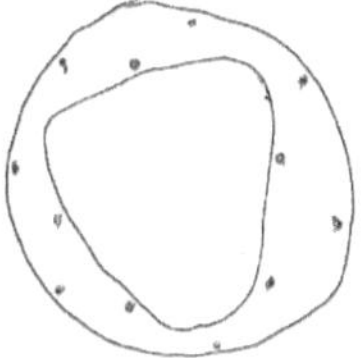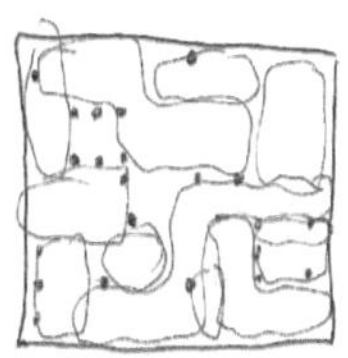

Figura 64. Izquierda. La retícula es modificada dejando "claros" en el bosque estructural. Ej. *Park Café*.
Derecha. La retícula se presenta como único orden en el espacio. Ej. *Mercedes Benz*.

Figura 65. Izquierda. La retícula se modifica en función de los condicionantes de forma del proyecto. Ej. *Lumière Café*.
Derecha. La retícula se adapta a los volúmenes creados por las láminas de vidrio. Como resultado, la estructura desaparece y no ordena el espacio. Ej. *Pabellón de vidrio*.

El trabajo con la estructura de SANAA tiene grandes implicaciones en la formación del espacio horizontal. SANAA, como Mies, cree que la estructura ordena y clarifica el espacio. Crear una estructura clara ha sido siempre objetivo de Sejima y Nishizawa.

El trabajo con la estructura parte de una malla de pilares en retícula, la cual puede modificarse de varias maneras. Puede añadirse o quitarse pilares a la retícula según convenga, como en el *Park Café Koga* (imagen 64), puede mostrarse entera para dar referencia al espacio como en el caso de *Museo Mercedes Benz* o deformarse de los ejes cartesianos para evitar la referencia ortogonal, como sucede en el *Pabellón de vidrio*, o en el *Lumière Park Café* (imagen 65), donde la posición de los pilares no está definida por una abstracta malla ordenadora modulada, sino por parámetros relacionados con la forma del edificio o con el jardín.

Esta retícula se organiza, no como un espacio libre donde albergar cualquier tipo de objeto, al modo de la planta libre corbuseriana, sino como elemento de entidad arquitectónica propia. Si en Le Corbusier la retícula de pilares isótropa constituía un marco neutro donde se desarrollaban otras piezas arquitectónicas, con SANAA la retícula toma valor como elemento plástico en si mismo, siendo ella el eje del espacio.

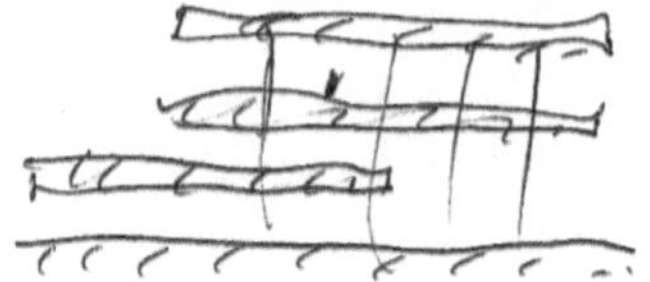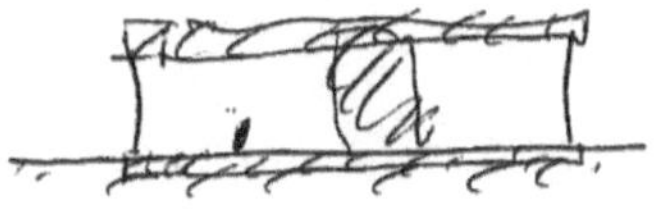

Figura 66. Izquierda. *Casa Farnsworth*. Mies van der Rohe. Derecha. *Glass House*. Philipp Johnson.

Figura 67. Izquierda. *Park Café*. SANAA. Derecha. *Serpentine Gallery*. SANAA.

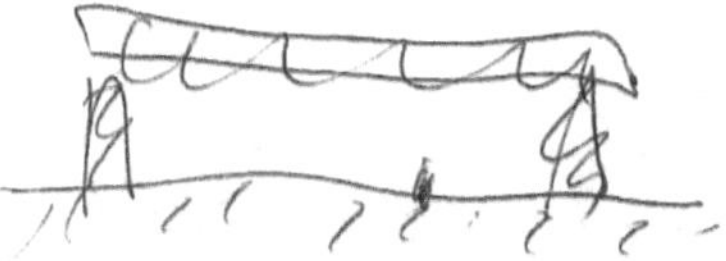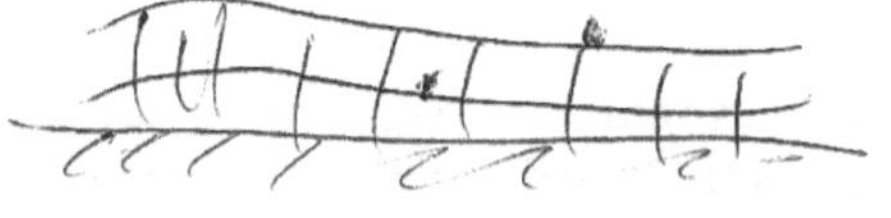

Figura 68. Izquierda. *Galería de Berlin*. Mies van der Rohe. Derecha. *Mercedes Benz*. SANAA.

La arquitectura de Sejima y Niszhizawa es un pensamiento puramente tectónico, proveniente quizás de la casa tradicional japonesa en que el espacio interior y el jardín exterior son, en esencia, un *continuum* espacial.

La cabaña contemporánea de SANAA permite una continuidad conceptual y formal con la naturaleza.[22] El terreno exterior y el hogar se hacen un todo y se integran. Los planos horizontales superiores o cubiertas parecen más bien hechos de urdimbres de paja o de cañas y conectados con el carácter tectónico, más que con el *continuum* estereotómico. El plano horizontal inferior de la cabaña contemporánea es una prolongación del plano de la naturaleza exterior y este plano se cubre con la fina urdimbre. Todos los planos horizontales de SANAA, tanto alabeados como no, participan de este concepto de urdimbre tectónica.

El mecanismo que posibilita esta ligereza y el carácter profundamente tectónico de la arquitectura de SANAA, además de conceptos como el color blanco, la luz homogénea, etc., es la estructura. Por medio de un uso eficaz y acertado de la estructura SANAA consiguen dar el carácter de cabaña contemporánea a sus obras. El desdoblamiento de la estructura en múltiples partes permite el adelgazamiento de todos los elementos, tanto verticales como horizontales, que permite entender los planos superior e inferior como hojas de papel y las columnas como ligeros palos de bambú en el bosque.

Mientras la estructura de la cubierta horizontal de *La Galería de Berlin* es soportada por ocho pilares, al modo de grandes columnas dóricas, la cubierta de la *terminal de Naoshima*, la de *Yokohama* o la *Serpentine Gallery* son soportadas por una retícula isótropa, de pilares delgados e infinitos en número, que permiten el aligeramiento de las soluciones de estructura horizontal hasta límites insospechados.

En este sentido, la *Serpentine Gallery*, la *casa en el huerto de ciruelos* y el *café Koga* son un canto a la ligereza tectónica debido al desdoblamiento y multiplicidad de los pilares y muros verticales de la estructura. Este proceso, que se produce en proyectos de pequeña escala, también, aunque de modo distinto, se produce en los proyectos de gran tamaño como *Mercedes Benz*, en el que la retícula toma el módulo de 10m×10m o en el *teatro de Almere* donde la distancia entre la tabiquería portante se va reduciendo o ampliando en función de las necesidades del proyecto como si fuera un gigantesco estropajo.

Sejima y Nishizawa siempre optarán por una estructura de cartílagos que una de huesos. La estructura *bosque* consiste en multiplicar la estructura vertical resistente más allá del modo necesario por razones estructurales y convertirse en una malla sobredimensionada donde quitar o poner pilares viene decidido por las condiciones de contorno de cada proyecto. Esta supresión o adición de pilares no tienen significado estructural ya que la malla bosque, por definición, siempre está sobredimensionada y permite un juego libre estructural.

Por el contrario, las soluciones de estructura miesianas de *clear span*, funcionan como una superestructura estereotómica que cubre un espacio de carácter tectónico, incluso el hermano pequeño de estas

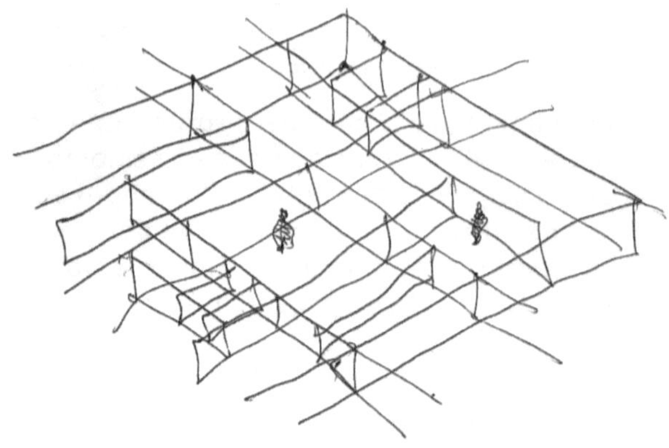

Figura 69. Esquema espacial del estropajo estructural del *teatro de Almere*.

estructuras como es la *casa 50×50*, el carácter que toma el emparrillado apoyado en pilares en sus puntos medios es puramente estereotómico, alejado de la *casa de vidrio* de Philipp Johnson (imagen 66). Por el contrario, SANAA en el *café Koga* (imagen 67), multiplica la estructura hasta un intercolumnio ridículo para adelgazar al máximo el grosor de la cubierta y entender el espacio como una cubrición hecha casi casi con un papel para protegernos de la lluvia y del sol.

La estructura *bosque* se manifiesta de igual forma en los proyectos de *parques* por acumulación. Mientras que en los *parques* continuos el desdoblamiento de la estructura se produce al multiplicar el número de pilares para reducir la estructura horizontal, en proyectos como *Almere* (imagen 69), o la *casa en el huerto de ciruelos*, la malla de tabiques portantes se multiplica hasta soluciones estructuralmente pequeñas que permiten reducir el grosor, tanto de los tabiques portantes, como de la estructura horizontal que soportan, para intensificar al máximo la continuidad espacial.

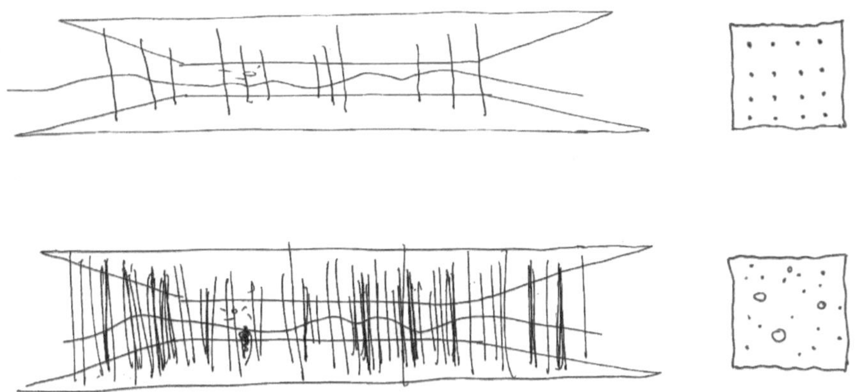

Figura 70. Arriba. Esquema espacial de una sala hipóstila. Abajo. Esquema espacial del bosque estructural.

LA ESTRUCTURA BOSQUE Y LA SALA HIPÓSTILA

Sin embargo, a la hora de estudiar y analizar de forma precisa los conceptos hay que distinguir ideas básicas. Por un lado los conceptos antagónicos: estructura de huesos o estructura de cartílagos, o lo que es lo mismo, la estructura de grandes columnas o la multiplicación de la misma en columnas delgadas. Esta multiplicación de la estructura luego puede tomar las formas de estructura *bosque* o de sala hipóstila, dependiendo de las necesidades de cada proyecto.

Podemos entender la sala hipóstila como una rejilla de pilares, que manteniendo un módulo en las direcciones *x* e *y* del espacio, sostienen un plano horizontal de dimensiones infinitas y ordenan el espacio. Por el contrario, una estructura *bosque*, como hemos visto anteriormente, parte de una sala hipóstila y empieza a deformarse en función de las condiciones de contorno internas a cada proyecto.

Aunque compartan un origen común, el resultado mediante las dos estructuras es radicalmente distinto, así como su manera de mirar el horizonte.

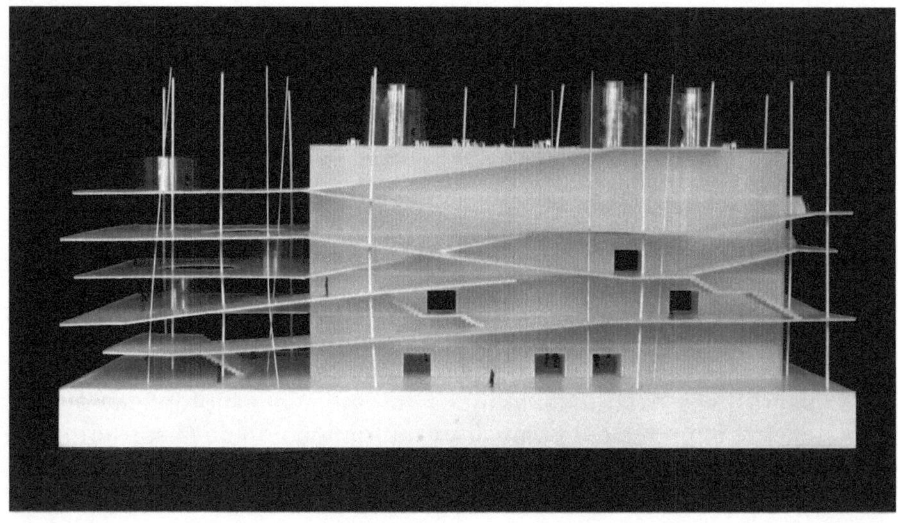

Figura 71. *Centro de las artes y auditorio en Murcia*. Febrero 2011. Tercer Premio, Proyecto del autor del libro. La estructura bosque de pilares permite adelgazar al máximo las rampas y forjados horizontales produciéndose un *continuum* tectónico de máxima ligereza entre estructura vertical y horizontal ayudada por rampas y escaleras de caracol que la cohesionan. La sala del auditorio se entiende como un claro en el bosque de finísimos y esbeltos pilares de acero que, como cañas de bambú, crean la referencia en el centro de las artes.

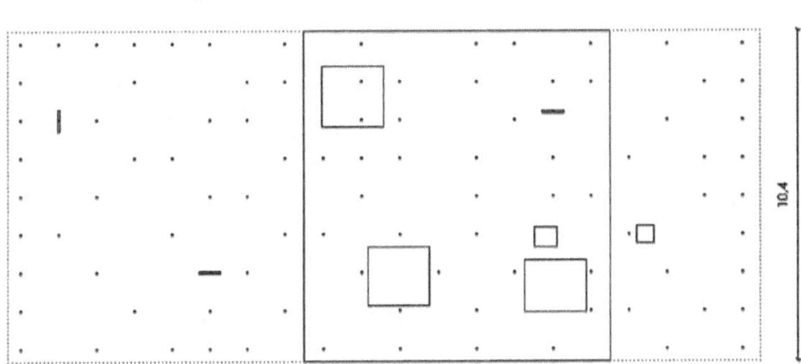

Figura 72. *Park Café*. Planta.

Como concepto global, la sala hipóstila presenta un carácter organizador del espacio estático. La percepción del paisaje es igual desde todos los puntos. Como resultado, la estructura crea un orden claro y dos direcciones o vectores espaciales claramente diferenciados como son la *x* y la *y*. La visión del horizonte que propone es una visión estática y contemplativa. Por el contrario, el desdoblamiento y la multiplicación de la sala hipóstila en el bosque tienen un carácter de ligereza y pérdida. No hay direcciones principales del espacio. Mientras que la sala hipóstila crea orden, el *bosque* crea el laberinto y la falta de referencias. La visión del horizonte resultante es dinámica, el espectador necesita moverse en el *bosque* para encontrar claros desde donde la percepción sea mejorada. La estructura *bosque* juega con los claros y los llenos. Este mecanismo crea "caminos" en la estructura instando a su recorrido (imagen 70).

Incluso en la propia configuración interna de la estructura se ve su diferencia. Mientras en la sala hipóstila cada pilar es igual a su adyacente y ninguno puede ser suprimido ya que produciría el colapso de la estructura, la estructura bosque es una malla sobredimensionada de pilares en los que quitar alguno no produce ruptura estructural ya que las cargas se reparten proporcionalmente por toda la malla. Del mismo modo no es necesario que cada pilar sea igual a su adyacente.

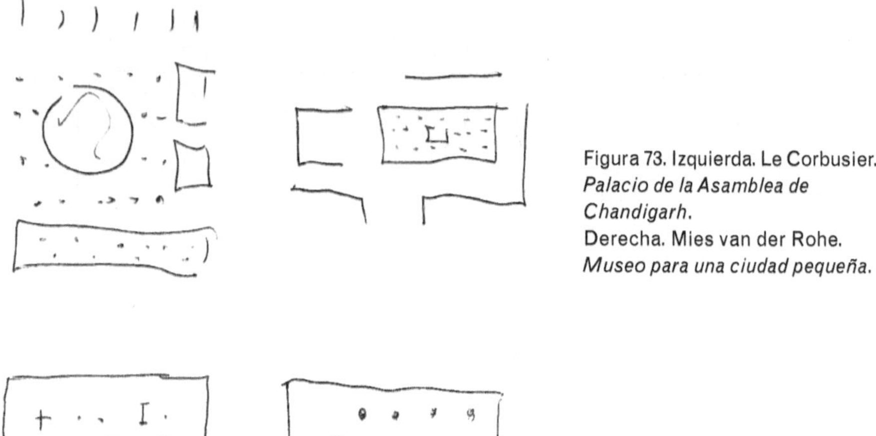

Figura 73. Izquierda. Le Corbusier. *Palacio de la Asamblea de Chandigarh.*
Derecha. Mies van der Rohe. *Museo para una ciudad pequeña.*

Figura 74. Izquierda. OMA. *Centro de congresos de Agadir.*
Derecha. SANAA. Interior del *Park Cafe.*

En el *bosque* cada pilar puede tomar una sección diferente ya que absorbe esfuerzos diferentes a su homólogo.

SANAA usa el *bosque* estructural como un potente mecanismo para negar referencias y centros en el espacio y buscar el laberinto, donde las referencias convencionales son sustituidas por la referencia difusa de los claros del bosque. Son estos claros las verdaderas referencias de la estructura *bosque*. A cómo orientar estos claros, cómo trabajar con ellos, cómo juntarlos, separarlos o volcarlos al paisaje, dedicará SANAA gran parte de su trabajo.

El *bosque* donde quizás mejor se aprecie es en los proyectos del *café Koga* (imagen 72) y la *Serpentine Gallery*, donde el trabajo con la estructura vertical resistente supone una libertad total.

En el *café Koga*, la estructura parte, de un intercolumnio ridículo de 1.2m en *x* e *y*. Esta retícula es una malla estructural claramente sobredimensionada donde la adición o sustracción de elementos verticales no produce significado estructural. A esta retícula "bosque" se le van abriendo pequeños claros mediante la sustracción de columnas para albergar el programa pedido y obtener espacios liberados desde donde contemplar el jardín circundante.

Si bien, al hablar de las estructuras bosque, es necesario mencionar el proyecto de OMA para el *Centro de las artes de Agadir* (1990) y que plantea de forma rotunda un espacio columnado a medio camino entre la sala hipóstila y el bosque estructural. Sejima se ha afirmado muchas veces como gran admiradora de Rem Koolhaas y de su trabajo en OMA y este proyecto constituye quizás una de las fuentes más importantes del universo imaginario de SANAA.

En la *Asamblea de Chandigarh* (imagen 73), Le Corbusier usa el pilar de hormigón en sala hipóstila como una matriz donde albergar el enorme círculo del salón de actos, sin embargo, la diferencia de sección en algunos pilares permite acercarse a algunos conceptos del bosque.

En el *Museo para una ciudad pequeña* (imagen 73), Mies van der Rohe usa la retícula en sala hipóstila de nuevo como matriz espacial, con tan solo la necesidad de unos paneles deslizantes como contrapunto al espacio creado por las columnas.

OMA en *Agadir* (imagen 74), es donde por primera vez da protagonismo completo a la estructura en forma de bosque. No hay ningún elemento que sea necesario añadir para caracterizar el espacio. Incluso sin las losas onduladas el espacio tendría suficiente personalidad por si mismo.

El bosque de Sejima parece ser entonces una evolución de los principios de *Agadir*, aunque de modo más sutil. Sejima siempre usa una sección igual para todos los pilares, sin embargo su posición es completamente independiente de una retícula o modulación. La colocación de los pilares depende completamente de las estrategias de orientación del *bosque* anteriormente expuestas.

Por el contrario, uno de los mejores ejemplos de sala hipóstila procede del mundo del arte. En la instalación localizada en el desierto de Nuevo México, *The lightning field* (1975), Walter de Maria planta 400 postes de acero inoxidable de 5cm de diámetro y de longitud variable en torno a los 6m (imagen 75), para que todos queden a la misma altura salvando las irregularidades del terreno. La retícula tiene una modulación de 67.5 m en x e y, y se extiende a lo largo de un rectángulo de 1600m x 1000m.

La instalación busca crear una zona de atracción energética para las tormentas de verano y que los postes metálicos actúen como pararrayos

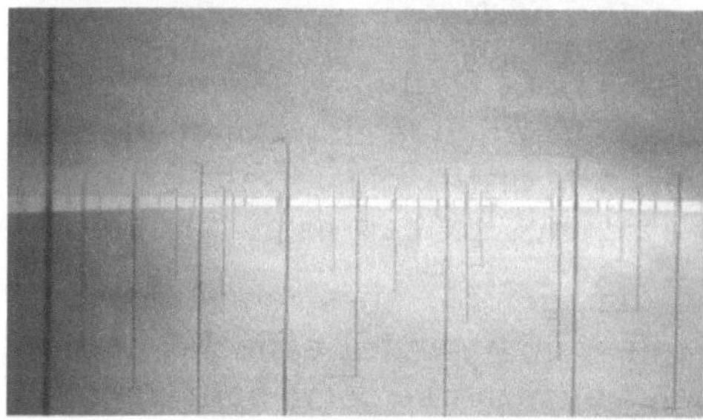

Figuras 75 y 76. Arriba. Walter de Maria. *The lightning field*. 1975. Abajo. SANAA. Imagen para el *museo de Mercedes Benz*. 2002.

para poder contemplar la figura del rayo y la unión del cielo y la tierra a través de los postes.

Dejando aparte los escasos momentos en los que este hecho se produce, lo interesante es la colocación de una tan vasta retícula en tan vasto espacio. En esta sala hipóstila ya no hay techo, ni plano a sustentar. Los postes metálicos actúan únicamente como referencias en el amplio territorio del desierto. Las dos direcciones, *x* e *y*, de la retícula instauran un orden en un espacio ondulado y sin referencias. La retícula es el contrapunto vertical al ser humano que busca medirse con el horizonte del desierto. Es el mismo hecho que busca SANAA en el *museo Mercedes Benz* (imagen 76). De hecho, de no ser por la forma de la montaña situada en el horizonte, las imágenes serían idénticas. SI en el proyecto de SANAA, los pilares en retícula de 10×10m son la referencia humana en una extensión inabarcable formada por los planos ondulados, en el proyecto del desierto la malla es la referencia entre el plano de tierra y el plano de cielo.

EL CASO DEL IVAM

Uno de los mejores proyectos que ejemplifican el valor de la estructu-
ra vertical y de las diferencias entre el bosque y la sala hipóstila para
SANAA es el proyecto de ampliación del *museo de arte moderno de
Valencia, IVAM*.

La duda fundamental de SANAA a la hora de caracterizar el espacio
intersticial bajo la piel fue si las columnas debían tomar el carácter de
sala hipóstila o del bosque. En una de las soluciones previas, se deci-
den por una estructura *bosque* en retícula de 3m×3m (imagen 77) a la
que se le suprimen ciertos pilares según convenga, al modo de la operación realizada en el *Park café*. Como resultado, el espacio es denso,
predominando la presencia de las columnas y su aparente desorden
frente a la piel de aluminio. El punto culminante es la terraza superior,
donde las columnas en bosque se presentan de forma clara como las
protagonistas espaciales.

En el paso siguiente y definitivo, SANAA provoca una nueva vuelta al
proyecto e investiga sobre la posibilidad de una malla más tranquila
en 5m×7m. El resultado de esta operación es un espacio más relajado
donde predomina la percepción de la ciudad y del paisaje filtrada a través de la malla. Del mismo modo, en la terraza, la estabilidad de la sala
hipóstila en 5m×7m, frente al *bosque* de 3m×3m, produce un espacio
más apto para la contemplación del paisaje y de las obras de arte.

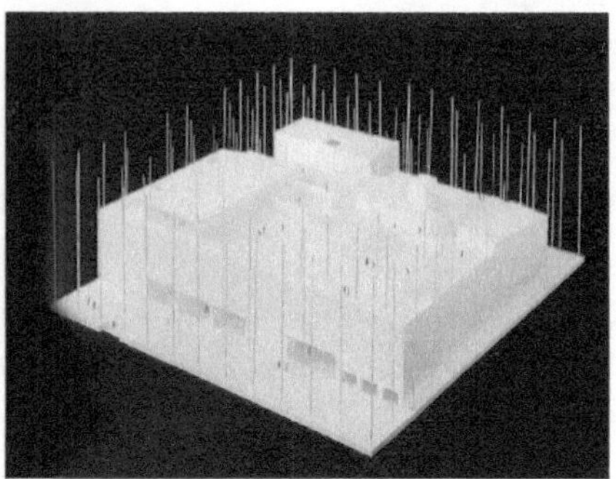

Figura 77. Izquierda. SANAA. Vista de la cubierta del *IVAM* con la estructura *bosque* de 3m×3m. La presencia de las columnas prevalece frente a la piel y el paisaje. Derecha. SANAA. Estructura en retícula de 5m×7m del *IVAM*.

Figura 78.SANAA. Pruebas a escala 1:1 para el *IVAM* entre un intercolumnio de 10m×10m (izquierda) y 5m×5m (derecha) en forma de sala hipóstila.

JUNYA ISHIGAMI

El trabajo realizado por SANAA en las últimas décadas permitió la creación de vías o caminos de investigación en la arquitectura relacionados con el espacio horizontal y la ligereza. De todas las vías y experimentos surgidos a la sombra de SANAA, quizás el que más lejos ha conseguido llegar es Junya Ishigami.

Ishigami fue colaborador de SANAA entre los años 2000 y 2004, hasta que fundó su propia oficina y comenzó su carrera en solitario.

Desde el punto de vista de este libro y del estudio del *parque*, nos centraremos en su obra construida más importante, el *Instituto de Tecnología de Kanagawa* (imagen 79). En esta obra, Ishigami lleva los postulados sobre la estructura *bosque* y el espacio horizontal hasta el límite máximo, desvinculándose ya de la obra de SANAA y formando una obra y universo imaginario propio.

La obra es, simplemente, un recinto vidriado sujetado por 305 columnas que dejan un espacio libre para el estudio de los universitarios.

En realidad, el proyecto es una enorme estructura *bosque*, que es la que crea y organiza el espacio. El propio Ishigami relata[23] que, en los comienzos del proyecto se comenzó trabajando en una retícula de 4m×4m y que, en posteriores desarrollos del mismo, se comenzó a trabajar en una estructura *bosque* que permitiera mayor libertad del espacio.

El *bosque* estructural va dejando por tanto "claros" que organizan los recorridos y las funciones. En esta función el mobiliario es el encargado de ayudar a la estructura en la delimitación de espacios y de usos. La disposición del mobiliario está tan pensada y cuidada como la colocación de los pilares.

Gran parte del trabajo y del desarrollo del proyecto consistió en dar forma a la estructura *bosque* y averiguar cómo los espacios se dispersaban o concentraban en función de la densidad espacial de las columnas. De este modo, el trabajo con la estructura comenzaba a abrir vectores espaciales y espacios abiertos o más confinados.

Frente a SANAA, que siempre ha usado la columna circular en todos los proyectos, en este caso, Ishigami elige el uso de un pilar apantallado como columna básica. En realidad, son 305 diferentes pilares apantallados, cada uno con sus medidas y su colocación optimizada en función de los requerimientos estructurales, ya que al ser apantallados, proporcionan arriostramiento a viento en todas las direcciones, que en añadido a diversos pilares que funcionan como tirantes, constituyen el esquema estructural de proyecto.

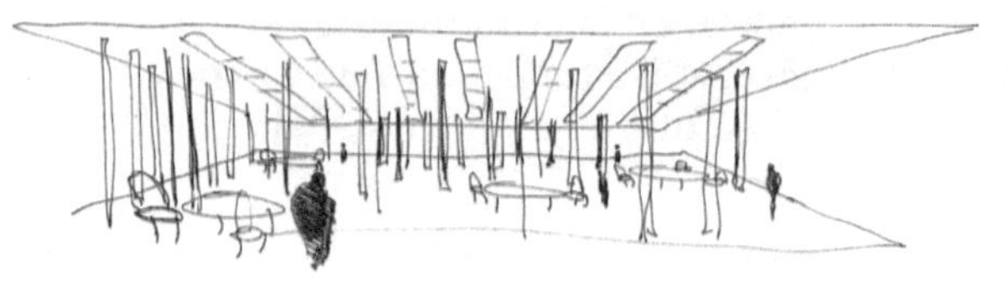

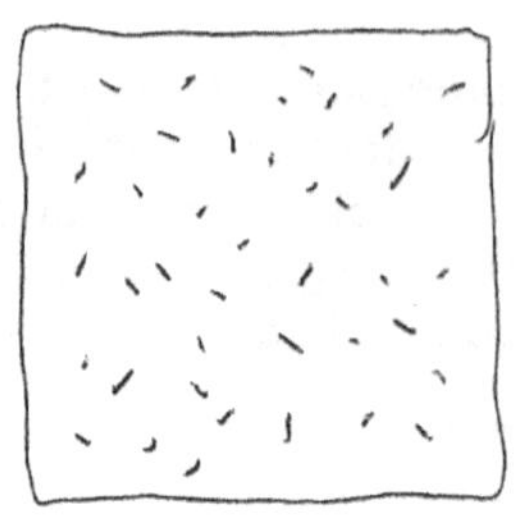

Figura 79. Junya Ishigami, *Instituto de tecnología de Kanagawa*.

Figura 80. Junya Ishigami. Esquema espacial del *Instituto de tecnología de Kanagawa*. El horizonte de la mirada no es el espacio exterior, sino un "horizonte interno" formado por el bosque de columnas y la larga extensión de los planos superior e inferior.

Las diferentes medidas y giros de los pilares permiten proporcionar variedad al espacio al percibir, según el punto de vista del observador, unos pilares más anchos y otros más finos según si se mira el lado corto o lado ancho.

En este punto se produce un hecho paradójico. Mientras que la estructura *bosque* no presenta centros, ni fugas, ni direcciones principales, los lucernarios superiores se sitúan paralelos al eje longitudinal del edificio. La pregunta a responder es si no resultaría más coherente una disposición más aleatoria de los lucernarios en consonancia con la situación estructural. Puede ser que esta decisión venga determinada por la sencillez constructiva de organizar la entrada de luz en filas, o que realmente la colocación de los lucernarios sea el mecanismo de orientación espacial del proyecto, al modo de las perspectivas o *enfilades* de SANAA.

La estructura *bosque*, pues, se manifiesta quizás de forma distinta a la aparecida en SANAA, evolucionando de forma diferente en la formación del espacio horizontal. Ya no una búsqueda del horizonte lejano del mar o de un paisaje hermoso, sino del horizonte creado en los confines interiores del propio proyecto.

El edificio entonces no busca mirar, el espacio horizontal ya no vierte la mirada en un espacio ajeno al proyecto, sino que la dirige al interior del mismo. Es la construcción del horizonte interno el argumento principal del proyecto.

CONCURSO TERMINAL DE FERRYS DE YOKOHAMA (1994)

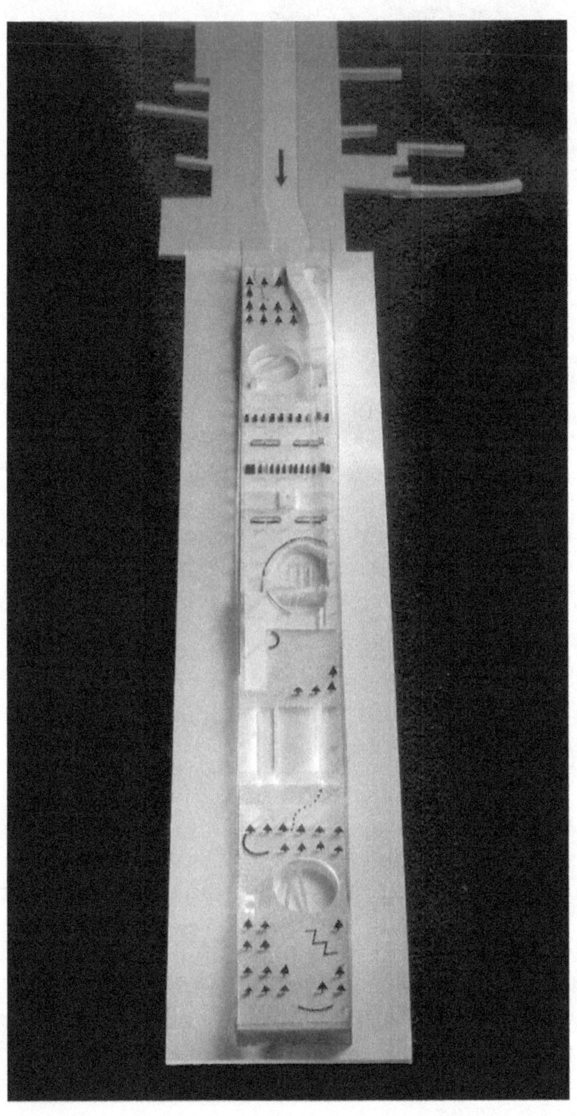

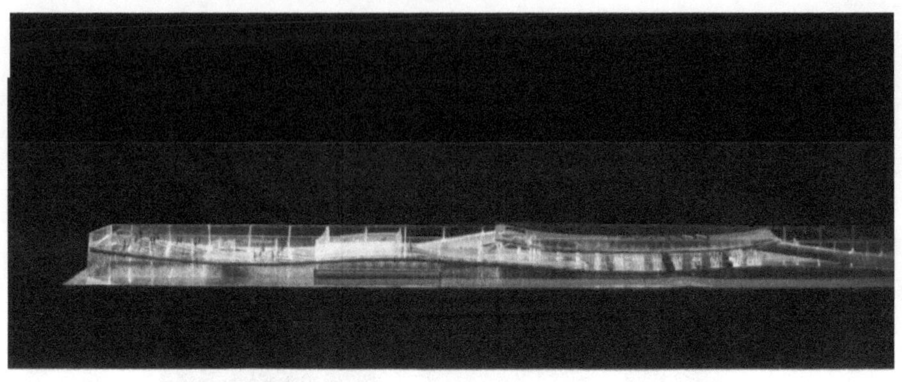

El proyecto de la *terminal de ferrys de Yokohama* en el año 1994 supuso el primer intento de aplicar las losas onduladas[24] a la creación de *espacios parque*. Investigación que no se retomaría hasta casi 10 años después con el *concurso Mercedes Benz* y que finalmente alcanzaría su máxima expresión en el proyecto construido del *Centro Rolex*.

Sejima planteaba una metáfora de las losas onduladas como olas del mar y como colinas de parque para crear un espacio donde se redefinieran los límites entre arquitectura y paisaje. Incluso se muestran en la maqueta, árboles sobre las losas.

El proyecto se entiende como un largo edificio de 632 m de espacios horizontales apilados en dos niveles rematados por una cubierta transitable que actúa como espacio público con una meseta superior de aparcamiento al aire libre y que distribuye los flujos de coches por medio de rampas. El espacio inferior está destinado también a aparcamiento y al acceso al ferry por medio del coche, mientras que el espacio de la losa ondulada distribuye los grandes flujos de gente de llegada y salida de los ferrys. Estos tres espacios horizontales se comunican de forma fluida mediante grandes rampas y escaleras mecánicas que, de la forma más suave posible, reparten el recorrido entre los tres espacios.

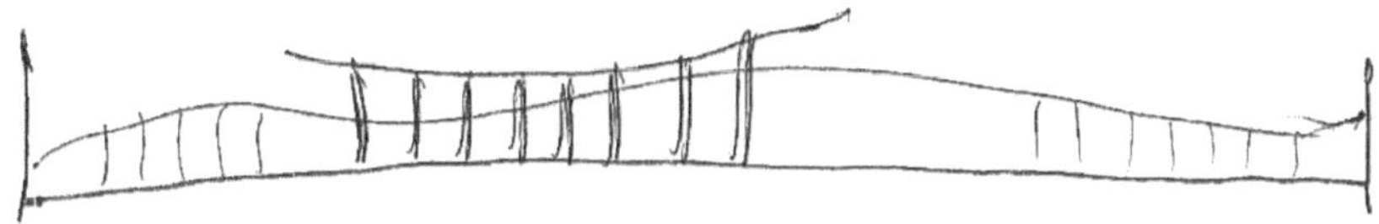

Figura 82. SANAA. *Concurso para la terminal de Yokohama*. Alternancia entre estructura *gruesa* y *fina* según los requerimientos espaciales y programáticos.

Programáticamente, el espacio horizontal ondulado principal está comprimido entre dos espacios dedicados al tránsito de vehículos, valorándose el espacio de tránsito de peatones sobre la losa ondulada. Dicha losa, además de partir la gran fuga de 630 metros horizontal, permite diferenciaciones de usos debido a sus suaves convexidades y concavidades.

Para lograr variedad y dinamismo en el espacio horizontal Sejima aplica las reglas corbuserianas del recorrido y la sorpresa en espacios verticales pero referenciadas a espacios horizontales. En este caso, los tres espacios están conectados por rampas y escaleras mecánicas de gran tiro que predisponen a la contemplación del propio espacio horizontal interior del edificio. Este gran paseo de 630 metros de largo culmina en el punto más alejado a la tierra en una cafetería mirador elevada sobre el mar y con las mejores vistas. Colocada como si en la proa de un barco se tratase.

Debido a las proporciones de la pieza, 632m×66 m, el espacio horizontal se forma de manera sutil. El lado corto supera en 16 metros a la estructura de la *Galería de Berlín*, proyecto de referencia de espacios horizontales. Debido a sus proporciones, Sejima abre grandes agujeros en las losas para permitir la entrada de luz e introducir las escaleras

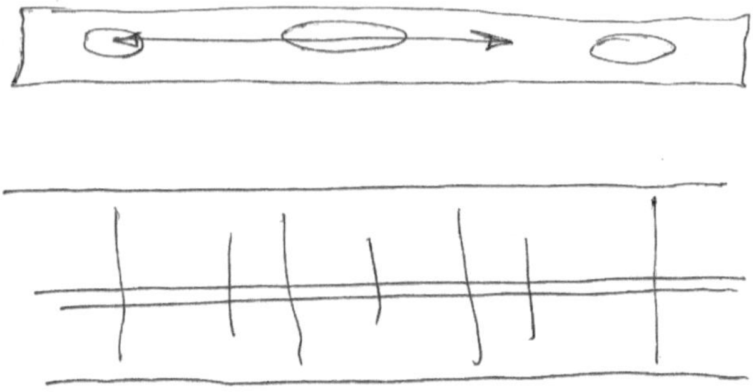

Figura 83. Visión longitudinal. El horizonte
contemplado es el definido por la ondulación
de las losas. No hay visión de paisaje exterior.

de comunicación. Esta rotura de la continuidad de los planos horizontales constituye uno de los principales alejamientos de los principios miesianos para empezar a conformar un espacio propio.

De este modo, y debido a las proporciones de la pieza y a la ondulación de la losa, el espacio horizontal solo se forma en la dirección de la vista que lleva al mar (imagen 84), entendiendo espacio horizontal como llevar la mirada al horizonte. En la dirección transversal el espacio queda comprimido por las losas onduladas y la proporción del espacio lleva sin ninguna dificultad a la vista del mar y se forma la emoción del espacio. Por el contrario, en la dirección longitudinal (imagen 83), el límite de la mirada son las propias ondulaciones de la losa que impiden desarrollar la fuga de 630 metros, pero que acotan el espacio de forma que la mirada siempre vaya transversal aunque el espacio se recorra de forma longitudinal. Éste cruce entre recorridos y miradas constituirá años más tarde el mecanismo fundamental para la creación de los *parques* por acumulación, en los que las fugas y perspectivas se cruzan siempre con la forma de recorrer el espacio.

Sorprende por un lado que el espacio sobre la losa ondulada esté lleno de árboles, como figura en la maqueta y en las secciones. Es el

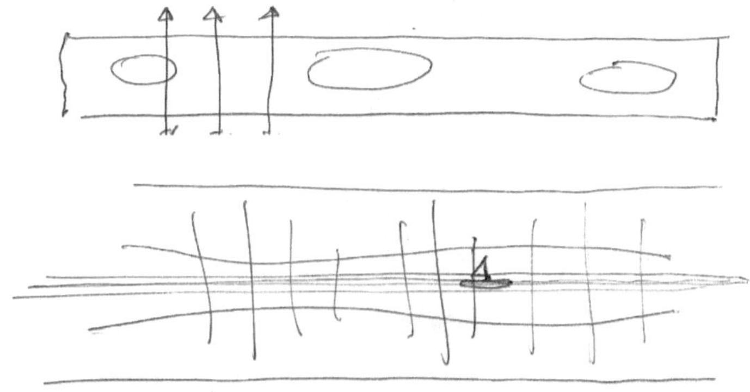

Figura 84. Visión transversal. El horizonte contemplado es el mar debido a la escala y a las proporciones de la pieza.

intento de llevar al límite la metáfora del espacio *parque*, en el que las ondulaciones de la losa actuarían como colinas de un lugar verde. Es de nuevo, una adaptación grandilocuente de los principios corbuserianos de cubierta verde a las grandes proporciones de los espacios horizontales. Mientras que en los proyectos como *Porte Molitor* la cubierta jardín se introduce por medio de arbustos y césped, en Yokohama para que este recurso sea efectivo, es necesario la introducción de verde masivo en forma de árbol de porte alto que de verdaderamente escala a la cubierta jardín.

El *parque* en *Yokohama* se crea por tanto con dos mecanismos estructurales como son la retícula de pilares y la ondulación de las losas. Estos dos conceptos permiten un proyecto de estructura a la cual se le superponen las capas de mobiliario y la capa de vegetación y el recorrido entre las losas para formar el proyecto final.

Entonces, el proyecto de la *terminal de Yokohama* sirve a Sejima como importantísimo punto de partida desde donde empezar a explorar los planos ondulados conformadores del *parque* y las conexiones entre los mismos. Este proyecto marcará una potente línea de investigación en los años posteriores que dará frutos tan hermosos y eficaces como el concurso no ganado de *Mercedes Benz*, que veremos a continuación.

MUSEO MERCEDES BENZ (2002)

El proyecto del concurso para la nueva sede del *museo Mercedes Benz* retoma parte de las ideas trabajadas en el anterior concurso de la *terminal de ferrys de Yokohama* en cuanto al sistema de trabajo mediante losas onduladas para definir límites espaciales de formas más imprecisa.[25] En este caso, se aprovecha el alabeo de la losa para crear un *parque* de suaves colinas onduladas que ponga en relación todas las partes del proyecto. Se trata de conseguir un *parque* de forma clara acudiendo a la metáfora de las colinas rompiendo la monotonía de una losa de 110×140 m.

Madurando las ideas aparecidas en la *terminal de Yokohama*, en el *museo Mercedes Benz* se avanza un paso más, y frente a la curvatura simple de las losas de la terminal de ferrys, en el caso de *Mercedes Benz* se proporciona doble curvatura en toda la superficie. Dicha curvatura de las losas es utilizada para organizar los accesos y definir visualmente los espacios expositivos del museo, rompiendo las extensas perspectivas de 140 m. La doble curvatura sin embargo, y a diferencia de lo que luego ocurrirá en el *centro Rólex*, mantendrá la continuidad del espacio horizontal debido a la suavidad de la misma. Las curvaturas producen unas suaves concavidades y convexidades que permiten organizar diferentes recintos en el interior del museo.

El proyecto consta de un gran espacio principal de exposición definido por un plano alabeado inferior y otro superior. Este gran espacio toca el plano de suelo y permite una conexión directa con el exterior, sin embargo, el acceso no se produce por este punto, sino por un espacio previo inferior situado en el punto contrario. Esto permite una ascensión al espacio principal horizontal o *piano nobile* de modo que se produzca una *promenade* o recorrido previo al espacio expositivo generando sorpresa y emoción. Esta emoción también es creada al pasar de un espacio de vestíbulo horizontal, controlado en unas proporciones reducidas, al paso a la sala grande de exhibiciones, de 110m×140m y de límite visual casi infinito para la vista del hombre. Es la *promenade corbuseriana* de giros, subidas, sorpresas, cambios de escala y luces, aplicada a los espacios horizontales.

Comparando con el edificio de espacio horizontal canónico, la *galería de Berlín*, vemos que SANAA rompe con uno de los principios miesianos fundamentales, como es mantener la proporción y tamaños de los planos horizontales hasta que sea posible iluminarlos con luz natural. La escala del espacio horizontal miesiano siempre permite la introducción de luz natural y por consiguiente la vista del horizonte buscado. Las dimensiones de la galería de Berlín, 50×50m y 8 m de altura admiten perfectamente la iluminación natural homogénea. Sin embargo, en el caso del concurso para el *museo de Mercedes Benz*, Sejima y Nishizawa crean una sala continua de 110m×140m con alturas variables entre 5 y 8m. Estas proporciones impiden completamente el paso de luz natural hacia las partes más interiores de la sala, por tanto la iluminación, y la creación del espacio está totalmente confiada a la luz artificial. Por otro lado, las losas se cierran con una tensa epidermis de vidrio que intenta ser lo más transparente posible para poner en relación el espacio interior de las losas con el exterior ajardinado. Esto generará en las zonas interiores de la sala de exhibición una mezcla de luces entre la artificial necesaria para iluminar las piezas expositivas y la natural proveniente del perímetro de vidrio.

Este uso de la luz artificial es totalmente justificado desde el punto de vista programático, ya que al ser el proyecto un museo, la cantidad y tipo de luz debe estar siempre controlado según las condiciones de la exposición. En proyectos posteriores de espacio horizontal, SANAA comenzará a negar otros de los principios miesianos, como es la continuidad física de los planos horizontales. En el *centro Rólex* o el *edificio de Toyota Azuma*, se perforarán los planos mediante lucernarios o patios para permitir que la luz natural inunde completamente las grandes dimensiones del espacio horizontal propuesto. Esto generará una serie de discontinuidades en la percepción del horizonte, ya que se producirán grandes cambios en las intensidades de luz en el espacio horizontal, al contrario que en la *galería de Berlin* (imagen 89) o el *Crown Hall*, donde la luz intenta mantener siempre un tono homogéneo en el espacio.

El uso de la luz artificial en los espacios horizontales permitirá ya la máxima del Movimiento Moderno, como es el espacio infinito, y ya no delimitado por la vista al horizonte o el aporte de luz natural. El espacio isótropo horizontal sin fin de columnas y planos horizontales.

La estructura del museo consiste en una sencilla retícula de esbeltos pilares metálicos con una crujía de 10×10m. Dichos pilares, como troncos de un bosque dialogan con las ondulaciones de la cubierta y del suelo y proporcionan escala humana al gran espacio horizontal contenido entre las dos losas onduladas.

La retícula es la referencia del espacio, como se muestra en la imagen presentada a concurso. Únicamente la retícula y, solo la retícula, es el hito en el espacio. Ni siquiera el horizonte es el límite de la mirada,

Figura 88. *Museo Mercedes Benz* (2002). Esquema espacial.

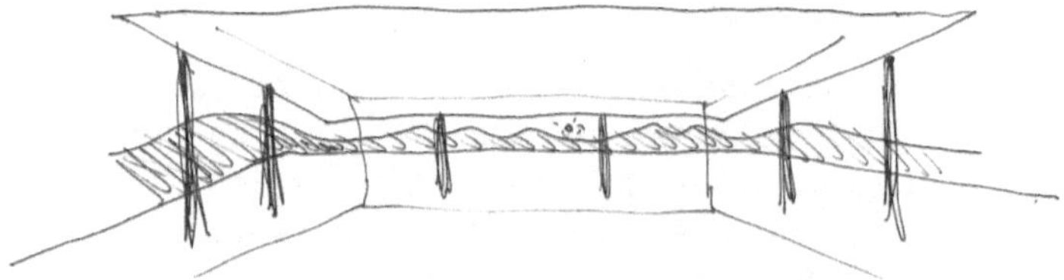

Figura 89. Visión del horizonte de la *Galería de Berlín* de Mies van der Rohe.

ya que por las grandes proporciones, es imposible alcanzarlo con la vista. Las delgadas columnas se posicionan como el lugar hacia el cual volcar la mirada. Al contrario de lo que luego ocurrirá en el *centro Rólex* (imagen 91), donde las columnas pierden importancia frente a los fuertes alabeos de los planos o el resto de elementos insertados; en el *museo de Mercedes Benz* (imagen 90), mantienen su pureza original como una sala hipóstila infinita y son el elemento en el cual el hombre encuentra la referencia en el lugar.

El proyecto es tratado como un extenso *parque* en el cual se exponen los coches. Todo el proyecto es la búsqueda de un *parque* acentuado por los troncos de los pilares y las colinas de las losas. No hay en este caso una búsqueda de unión con la naturaleza exterior como ocurre en el *Park Café de Koga*, sino que es el propio interior del proyecto el que se hace naturaleza y el que es el referente de la mirada

En este caso, el proyecto no es un puente entre un paisaje, ni es un espacio mirador desde el cual percibir de forma intensa la naturaleza.

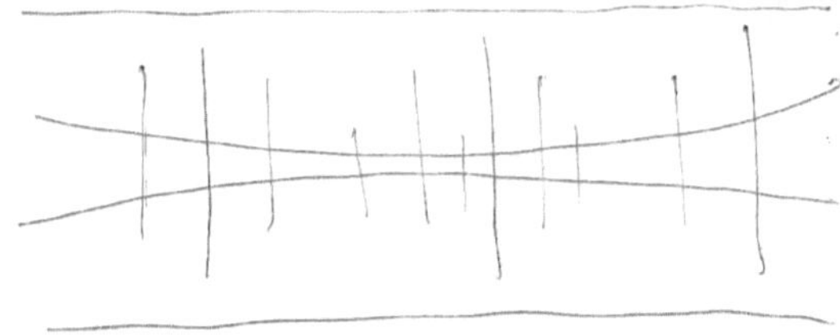

Figura 90. Vista del horizonte interno del *Museo de Mercedes Benz*.

Figura 91. Vista del horizonte interno del *Rólex Center*.

El proyecto se vuelve naturaleza por la gran escala de las losas onduladas y la malla estructural. SANAA busca que deambular por el museo sea como deambular por un jardín inglés del siglo XIX con sus recovecos, escenas, vistas diagonales y sorpresas.

Quizás de las ideas más intensas a la hora de definir el proyecto, sea la sustitución del horizonte externo al proyecto como objetivo de la mirada por un horizonte interno. Debido a las vastas proporciones del espacio propuesto y la ondulación de las losas, el horizonte a mirar por el proyecto no es el parque que rodea al museo, ni un lugar bello exterior al mismo edificio como sucede en los proyectos de espacio horizontal al modo de la *Galería de Berlín* (imagen 89).

El límite de la mirada es el propio proyecto, los límites definidos por la ondulación de las losas y de la estructura. Esta idea es radicalmente distinta de los proyectos canónicos miesianos, y otorga una belleza también distinta al eliminar el horizonte exterior de la visión como una jerarquía más.

CENTRO RÓLEX (2005-2009)

El proyecto del *centro Rólex* es uno de los trabajos más interesantes de SANAA y por extensión, uno de los mejores trabajos de reflexión sobre la losa alabeada y sobre el *parque*. Constituye un punto de inflexión además en la carrera de SANAA pues supone la contrucción por fin de un espacio basado en losas onduladas.

En el *centro Rólex* la continuidad del espacio no es total debido a las fuertes pendientes de los planos alabeados y a la colocación de los patios para aportar luz natural. Este concepto, del que Sejima y Nishizawa son plenamente conscientes[26] ya que es el argumento de proyecto, es el punto crítico a analizar y a estudiar para entender la evolución de los *parques* continuos de SANAA.

Así como en *Mercedes Benz* y *Yokohama* las ondulaciones de las losas son suaves y permiten la continuidad del espacio, en *Rólex*, las fuertes inclinaciones actúan como barreras del espacio y la continuidad es parcial. Es necesario moverse para apreciar el conjunto de la operación.

Del mismo modo, el origen del proyecto parte de la necesidad de un dato contradictorio: por un lado, el afán de SANAA de construir un espacio único y horizontal que albergue todo el programa pedido como símbolo de espacio de encuentro; y por otro lado el requisito por parte del concurso de que el proyecto albergue puntos elevados que permitan las vistas y contemplación del lago Leman. Estos dos puntos forzarán una solución distinta en el campo de la arquitectura.

Situación urbana

Para acceder al *centro Rólex* desde la parada de metro, es necesario atravesar el campus de la EPFL (Escuela Politécnica de Lausanne) (imagen 93) constituido por barras de aulas y laboratorios tanto a nivel de suelo como formando puentes aéreos. Estas barras, al modo de los mejores *mat-building* se imbrican y entrelazan de forma natural con el suelo y el paisaje suizo, permitiendo giros donde se producen vistas del paisaje o claros en el *mat* desde donde orientarse. Ya desde la bajada del vagón anticipamos lo que será uno de los mayores problemas a resolver por SANAA en el edificio, como es la orientación dentro del mismo.

De hecho, en la segunda fase de construcción de la EPFL, el objetivo era abandonar el sistema doble de circulación propuesto con las barras voladoras y crear un nuevo sistema de recorrido en el que fuera posible orientarse. El ganador del concurso para la revisión del master plan fue

Figura 93. Campus de la EPFL.

Bernard Vouga, que propuso atravesar el sistema original del *mat* con una potente diagonal que permitiera un recorrido y orientación claros.

El solar donde se inserta el edificio es un amplio espacio libre en la estructura de barras de la EPFL, con clara orientación norte-sur y que dispone de vistas liberadas al lago Leman en la cota +7.00m.

Una de las primeras decisiones de SANAA consistió en, frente a los demás concursantes, plantear continuar el espacio verde del solar de concurso y proponer un edificio que se integrara con ese parque mediante suaves ondulaciones, al modo de un jardín inglés del s. XIX. Es pues un proyecto que pertenece al paisaje y no a la arquitectura del campus.

Frente a las propuestas de otros concursantes que planteaban proyectos con gran desarrollo en altura para alcanzar vistas prominentes al lago, SANAA prefiere proponer un plegado sutil del terreno con el objetivo de alcanzar las vistas en determinados puntos privilegiados del edificio. Además las concavidades y convexidades provocadas por el alabeo de las losas permiten, lo que será una de las máximas de Sejima y Nishizawa a la hora de organizar el proyecto, que los diferentes usos del edificio no queden separados por tabiques sino por las colinas de los alabeos manteniendo por tanto una cierta continuidad espacial que no se viera interrumpida por tabiques separadores.

El alabeo de los planos horizontales asimismo libera un espacio previo bajo el edificio que sirve de umbral de acceso (imagen 95). Este umbral conecta con algunos de los patios del edificio permitiendo el acceso al mismo mediante los puntos en los que las losas tocan tierra, siendo este umbral, o este espacio bajo la manta del centro, uno de los lugares más interesantes.

Figura 95. El espacio de
acceso del *centro Rólex*.

La estructura de este *parque* consiste en una losa de hormigón alabeada
de 600mm de sección y que se expande en un área de 195m×141m salvando luces de hasta 80m. Sobre esta estructura de losa en caparazón
se asienta una estructura vertical de pilares en retícula de 9m×9m y
con un diámetro de 139mm.

Una vez atravesado el arco que recibe al visitante nos encontramos
con el primer problema relativo a la jerarquía y referencia espacial:
encontrar la entrada. En el deambular por el espacio inferior de la
losa, nos encontramos frente a la imposibilidad de encontrar un punto
hacia el cual dirigirnos con la idea de entrar al edificio. A primera
vista, es imposible orientarse, tanto saber a dónde ir, como dónde se
está. SANAA resuelve el problema haciendo que el patio en el que se
realiza la entrada sea de tamaño más grande que sus adyacentes de
modo que sea la mejor opción en la que el visitante, dubitativo, pueda
pensar que en ese punto entrará al edificio.

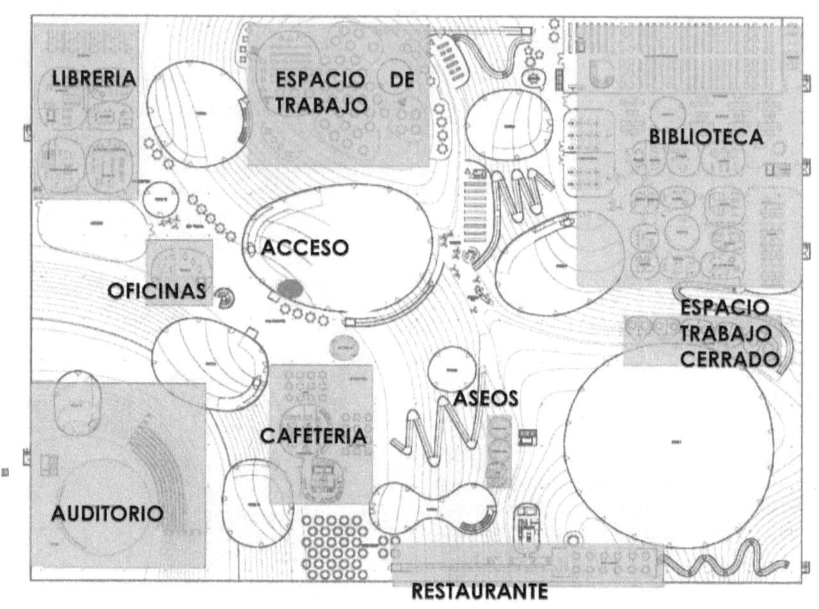

Este simple hecho, como es decidir por donde acceder, anticipa ya muchas de las ideas que luego encontraremos en el proyecto. El afán por borrar límites y jerarquías convencionales del estudio japonés, les lleva también de modo radical a borrar incluso la señalización del punto de acceso. En cualquier edificio, la entrada se encuentra perfectamente situada, con la intención de que el acceso sea claro y permita al visitante orientarse fácilmente, tanto en el exterior como en el interior del proyecto. SANAA, al borrar esta importante jerarquía en el exterior del edificio y situar en un punto poco claro la entrada, dan forma al laberinto espacial que será también el interior del centro. La sensación de pérdida se produce, ya incluso antes de entrar al edificio.

El recorrido por el edificio se produce sin tabiques, no hay ningún tabique a atravesar para nuestro continuo deambular por el centro. Los usos y programas (imagen 96) se limitan no por impedimentos murarios verticales sino por las concavidades y convexidades de las losas.

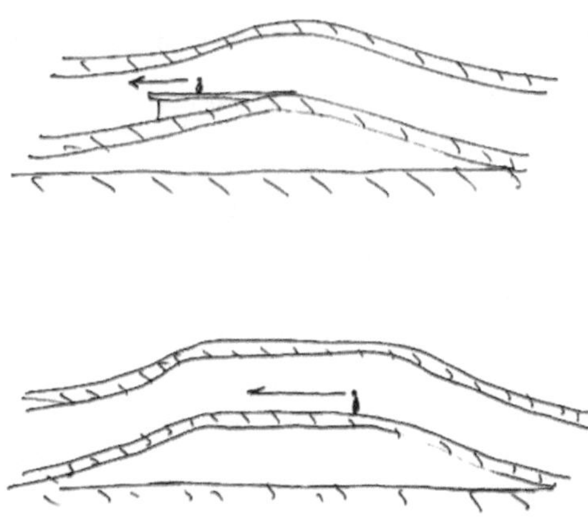

Figura 97. Implantación de plataformas en el *Centro Rólex*, frente al posible uso de la losa ondulada para albergar lugares horizontales.

Este proyecto de *parque* de SANAA se entiende como un verdadero parque inglés del siglo XIX. Sejima y Nishizawa usan los alabeos de las losas del *Centro Rólex* como "Capability" Brown y Humphrey Repton usaban las colinas de sus jardines. Estas colinas ocultaban recovecos y sorpresas que instaban a recorrer el jardín de modo que el visitante fuera encontrándose diversas escenas paisajísticas como lagos, bosquetes, pequeños templos, piedras agrupadas...

Este modo pintoresco de proyectar que luego usaría Le Corbusier en sus villas de los años 20 en espacios diagonales y verticales, la *promenade architecturale*, es recreado por Sejima y Nishizawa con los alabeos de la losas de Lausanne. Estos alabeos, junto con los patios, son los responsables de no ver determinadas partes de programa y encontrarlos tras un recodo, o al subir una ondulación, creando un recorrido lleno de sorpresas como argumento principal del proyecto.

Siguiendo la metáfora del jardín inglés, SANAA utiliza uno de los recursos más importantes para dar emoción, como son los miradores, tanto al paisaje exterior del lago, como al paisaje interior del proyecto.

Estos puntos, se encuentran situados en plataformas horizontales (imagen 98) de escaso desarrollo que se superponen a los planos alabeados principales de las losas. Distinguimos de dos tipos. Por un lado los miradores al paisaje exterior. Sorprende que en un proyecto de estas características, donde la formación del espacio horizontal es uno de los objetivos principales, únicamente podamos encontrar dos lugares desde los que la contemplación del paisaje se produce de forma intensa. El primer lugar es el restaurante, punto más elevado del proyecto y con mejores vistas al lago. El otro punto es adyacente al mismo y se encuentra a cota 0.00m y es usado por los alumnos como lugar de descanso y como punto de vista para contemplar el parque del EPFL. Sin embargo entre estos dos puntos miradores hacia el exterior se produce una diferencia importante; mientras en el mirador al parque, el espacio horizontal necesario para mirar y para que el hombre se asiente y se encuentre seguro lo forma la propia losa ondulada, el restaurante se forma por medio de una plataforma que se añade o superpone a la losa alabeada principal.

En el segundo tipo de miradores, los miradores al interior del edificio, sucede lo mismo. El mirador se forma mediante la adición de una plataforma horizontal a la losa ondulada en vez de aprovechar los lugares planos de la misma (imagen 97). De este modo se entiende las funciones más dinámicas de caminar y deambular al suelo asociado a la losa ondulada, mientras las funciones contemplativas quedan vinculadas al suelo horizontal.

Sin embargo, este concepto genera en una dudosa integración entre estas plataformas miradores con la losa ondulada, produciéndose encuentros difíciles de resolver al modo de "picos", "triángulos" o "cuchillos" que ensucian el resultado de la operación.

Esta dicotomía entre los lugares propios del mirar (plataformas estables de plano horizontal) y los lugares propios del deambular (planos inclinados en las losas alabeadas) genera la principal virtud y a la vez la principal crítica a realizar al proyecto. El original espacio del *centro Rólex* consiste en introducir un nuevo tipo de espacio horizontal basado en conceptos dinámicos gracias a las losas onduladas, y que permite observar el horizonte desde posiciones distintas al mismo tiempo que la curvatura de las losas organiza programáticamente el

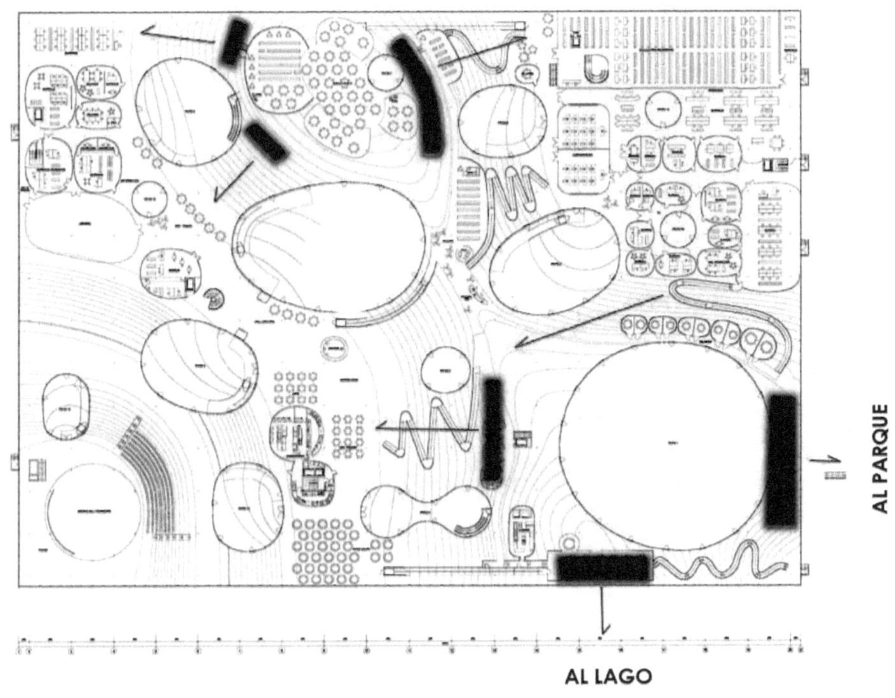

Figura 98. Miradores al lago Leman, al parque y al interior del edificio.

edificio. Estas ondulaciones, en proyectos como el concurso de *Mercedes Benz*, producen diversas perspectivas y modos de mirar tanto al horizonte exterior a los vidrios del edificio, como al horizonte interior del proyecto. Sin embargo, en *Lausanne*, las ondulaciones resultan excesivas en algunos puntos de tal modo que la continuidad del espacio horizontal se pierde.

De hecho, mientras en algunos puntos del centro, como son los accesos al restaurante elevado, las ondulaciones son suaves y permiten disfrutar del paisaje del edificio al mismo tiempo que preparan la vista prodigiosa al lago[27] desde el restaurante, en otros puntos como los

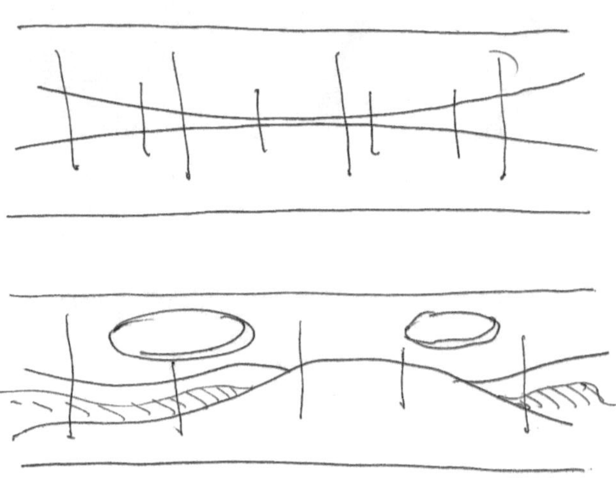

Figura 99. Arriba. *Museo Mercedes Benz*. A pesar de la gran escala del proyecto, existe un espacio horizontal continuo. Abajo. *Centro Rólex*, Los patios y los excesos de pendiente rompen la continuidad espacial.

cercanos al auditorio o la librería, los alabeos son tan elevados que actúan como verdaderos tabiques verticales que impiden cualquier continuidad al paisaje o desarrollo del espacio horizontal.

Estas grandes pendientes originan la introducción de pequeñas escaleras sinuosas o rampas superpuestas al espacio con la necesidad de cumplir la normativa vigente, y que, aunque formalmente resultan originales y bien insertadas gracias al buen hacer de SANAA, en realidad aportan ruido y restan intensidad a la formación del espacio.

Por tanto para la formación del espacio horizontal el hombre necesita continuidad y una plataforma desde donde percibir esa continuidad. En el *Centro Rólex* en diversos puntos, no existe la plataforma, pues el movimiento dinámico introducido por las losas no permite esta función. De la misma manera ocurre con la continuidad, que se ve interrumpida

Figura 100. *IFECA. Recintos feriales de Cáceres*. Primer Premio. Proyecto del autor del libro. El espacio horizontal se forma mediante la creación de dos losas onduladas: techo rugoso-suelo rugoso. Sin embargo para albergar correctamente las funciones pedidas, la losa de suelo únicamente se pliega para realizar compresiones espaciales en las entradas, de tal modo que acentúen la intensidad del espacio propuesto y se mantenga el espacio horizontal.

por diversos mecanismos como los patios y las fuertes pendientes de la losa. La función de los patios en el centro es importantísima, proporcionan luz homogénea a todo el edificio –concepto clave del espacio horizontal– y distribuyen las circulaciones hacia las diferentes partes del programa. Esto sin embargo genera una pérdida de continuidad espacial, al ser la vista cortada por las visiones de los patios en vez de las visiones al horizonte.

Estudiando el *Centro Rólex*, se producen por tanto, dos situaciones paradójicas sometidas a análisis y que evitan que el proyecto se convierta en el espacio soñado que se intuye.

Por un lado, SANAA utiliza la excusa del alabeo de la losa, como herramienta formal para crear puntos elevados en el espacio que alcancen las vistas al lago y al bello paisaje de Lausanne. Este hecho, al final, tan solo se produce en el restaurante, con lo cual, la operación de plegado y alabeo de la losa tiene como objetivo, no la creación de un espacio horizontal en el cual volcar la mirada a un horizonte hermoso, sino dirigir la mirada hacia el interior del proyecto, al espacio creado por la

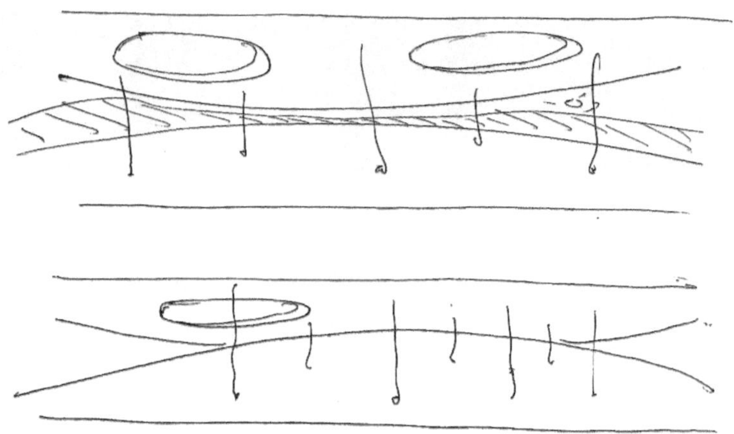

Figura 101. Arriba. Continuidad espacial en el *Centro Rólex*. Las pendientes son suficientemente suaves para permitir la visión del paisaje horizontal. Este hecho tan solo se da en el restaurante y en los miradores perimetrales del edificio al parque (horizonte exterior). Abajo. La pendiente crea un horizonte interior que rompe la continuidad horizontal (horizonte interior).

ondulación de las losas, siendo el perímetro de vidrio, únicamente un elemento para introducir luz, pero que no guía la visión. Se sustituye el horizonte externo, por un horizonte interno de la mirada.

Por otro lado, se busca una desorientación total en el centro, no hay jerarquías. Como luego estudiaremos en los *parques* por acumulación, el proyecto es un laberinto de difícil orientación. Éste concepto se opone a la idea de arquitectura como una herramienta para ordenar y jerarquizar la información del espacio en el tiempo.

Y como final, no es que se pueda pensar que los espacios continuos, son mejores que los discontinuos, pero pensemos por un momento qué hubiera ocurrido si el *Centro Rólex* se hubiera construido según la manta alabeada continua que aparecía en ciertas fases del desarrollo del proyecto.

EVOLUCIÓN DE LOS *PARQUES* CONTINUOS

Figura 102. *Terminal de Naoshima* (2004-2007).

Figura 103. *Terminal de Yokohama* (1994).

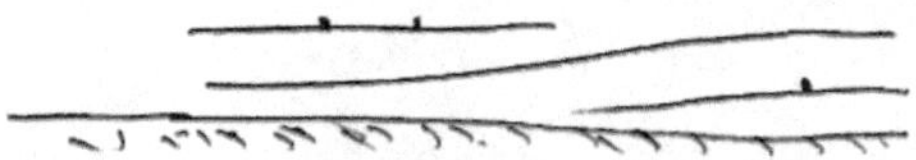

Figura 104. *Museo Mercedes Benz* (2002).

Figura 105. *Centro Rólex* (2005-2009).

5.

LOS *PARQUES* POR ACUMULACIÓN

LOS MECANISMOS DE LA ACUMULACIÓN

El segundo tipo de formación del espacio *parque* que se estudia en este libro es el formado por la acumulación de salas de diferentes tamaños que forman un único espacio completamente diferente del espacio continuo y fluido presente en los proyectos como el *centro Rólex* o la *terminal de Naoshima*.

Los *parques* por acumulación son lugares en los que es necesario un deambular al modo de deriva para poder ser consciente de la magnitud de la operación propuesta y del modo de unirse con el horizonte. Frente a la contemplación estática que proponen los espacios miesianos, SANAA en proyectos como el *IIT*, *Funabashi* o el *teatro de Almere*, plantea un recorrido atravesando una infinitud de microespacios que, en su conjunto, nos permite la experiencia propuesta. Muy diferente de la contemplación del *Crown Hall* o de la *Galería de Berlín*.

Dentro de los *parques* por acumulación encontramos una amplia gama de proyectos que pueden ser clasificados como tales, como el *pabellón de vidrio*, el *teatro de Almere* o los *apartamentos Funabashi*. Aunque entre ellos hay profundas diferencias, vemos que todos comparten un mismo nexo de unión al surgir de la estrategia proyectual de juntar o acumular diversas habitaciones de diferentes tamaños y con diferentes relaciones entre ellas con el objetivo de formar una entidad espacial de orden superior.

LOS INICIOS DE LA ACUMULACIÓN

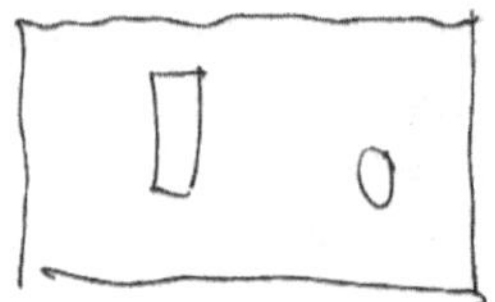 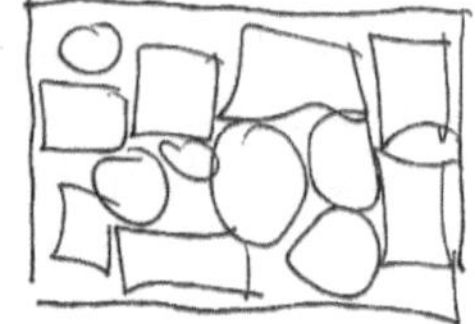 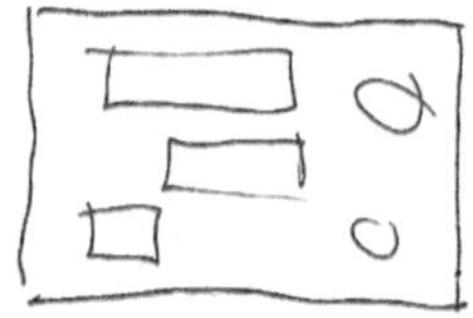

Figura 106. El podio y el objeto.　　Figura 107. Juntando cosas.　　Figura 108. La bandeja. *IIT Center.*

Rastrear los primeros momentos en los que SANAA comenzó a utilizar la estrategia de agrupar pequeños espacios de similar valor para formar una entidad arquitectónica superior no es fácil. Hasta llegar al *Stadstheater de Almere*, donde la técnica y el sistema se encuentran depurados, Sejima y Nishizawa exploraron diferentes sistemas y proyectos previos donde ensayar esta distinta concepción del espacio.

Frente al laberinto que llegaría a ser *Almere*, originariamente, el proceso de crear varias habitaciones pequeñas de similar valor topológico buscaría, en principio, el efecto contrario. El *museo de arte de Kanazawa*, contiene muchas de las estrategias que luego aparecerán en proyectos más maduros de *parque* como la *casa en China* o *Almere*.

El principal motivo generador de *Kanazawa* consiste en crear una sala independiente para cada espacio de exhibición y dedicarle la altura y proporciones que necesitan. Además para reforzar esta independencia, cada caja de exposiciones es autónoma estructuralmente. Esta mezcla de cajas originaria un laberinto donde SANAA se enfrentaría al principal problema o cuestión a resolver en los espacios por acumulación, como son las referencias en el laberinto.

Como Nishizawa explica,[28] la acumulación de cajas independientes comienza a crear un laberinto dónde el visitante puede perder la referencia sobre donde está situado respecto al resto del edificio y la exposición. Aquí es donde se ve por primera vez construido el mecanismo que más tarde utilizará SANAA en *Almere* para crear orientación, como son los corredores o perspectivas visuales que atraviesan

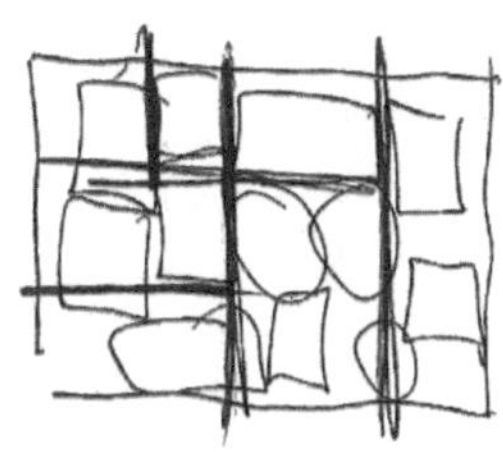

Figura 109. Corredores visuales. *Almere*.

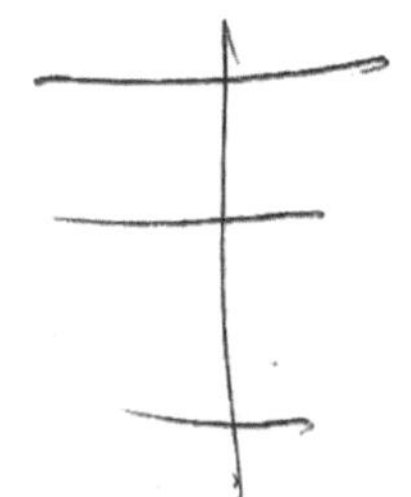

Figura 110. Perspectiva de Brunelleschi potenciando y marcando ejes.

Figura 111. Perspectiva de SANAA descentralizando ejes y borrando centros.

completamente el edificio, llevan la mirada hacia el horizonte del jardín adyacente y permiten entender la propia situación respecto al proyecto. Aunque estos corredores visuales (imagen 112) son, todavía, independientes de las cajas que los forman, constituyen un mecanismo de orientación que se opone al laberinto de cajas blancas.

La perspectiva usada por SANAA (imagen 111) por tanto no sirve para marcar ejes, mostrar caminos u orientar el recorrido o vivencia del edificio. Al contrario, la perspectiva de SANAA ofrece mil vistas distintas, abre nuevos caminos. No orienta sino que muestra, no dirige sino que predispone. Si la perspectiva de Brunelleschi consiste en potenciar un eje axial, la perspectiva de SANAA busca los cuadros de Mondrian como un medio para descentralizar y desreferenciar el proyecto borrando cualquier noción de centro. Estas fugas son un leve tapiz superpuesto al laberinto del edificio creando nuevas y sutiles pespectivas.

Por tanto, el modo de trabajo de Sejima y Nishizawa en el *museo de Kanazawa* es, de un modo completamente libre, generar laberintos y espacios sin jerarquía, para luego al mismo tiempo encontrar una referencia dentro del magma de cajas blancas introspectivas creadas. Es al introducir estos corredores visuales, donde el espacio se activa, se ordena y se referencia manteniendo la falta de jerarquías clásicas.

En el proyecto de *Kanazawa* también se introduce el siguiente mecanismo que será clave en los *parques* por acumulación que son los patios como organizadores del espacio y marcadores de perspectivas referenciadoras.

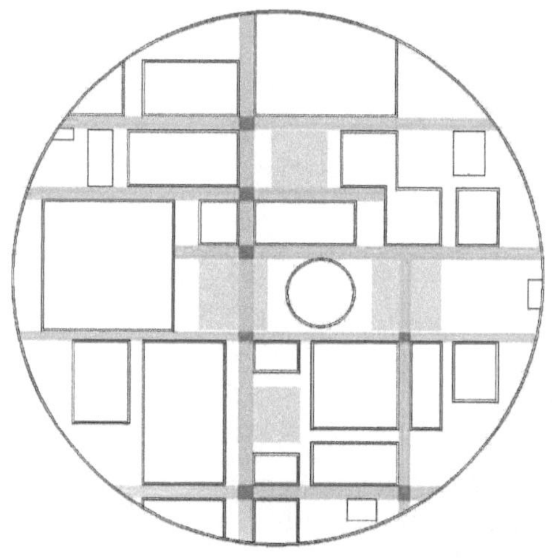

Figura 112. Corredores visuales en el *Museo de Kanazawa*.

Aunque en el *museo de Kanazawa* no alcanzan el poder organizativo fundamental que luego tendrán en proyectos clásicos de la acumulación como la *casa en China* o el *teatro en Almere*, los patios del museo permiten, además de introducir luz natural y ventilación, unirse a los corredores visuales como elementos creadores de hitos o referencia donde orientarse en el museo. En el *museo de Kanazawa*, sin embargo, los patios son tratados como si fueran una sala de exhibiciones adicional, donde lo que se expone es el paisaje, el sol y el cielo, pero no alcanzan el valor organizativo que tendrán en el teatro holandés.

Si bien, todavía tampoco se avanza en la isotropía topológica que caracterizará a los proyectos de la *casa en China* y el teatro de Almere. En *Kanazawa*, un patio es distinto del corredor visual y de las cajas de exhibición, mientras en *Almere*, corredores, patios y salas serán lo mismo, imposible distinguirlos sobre plano y sobre la experiencia.

EL LABERINTO

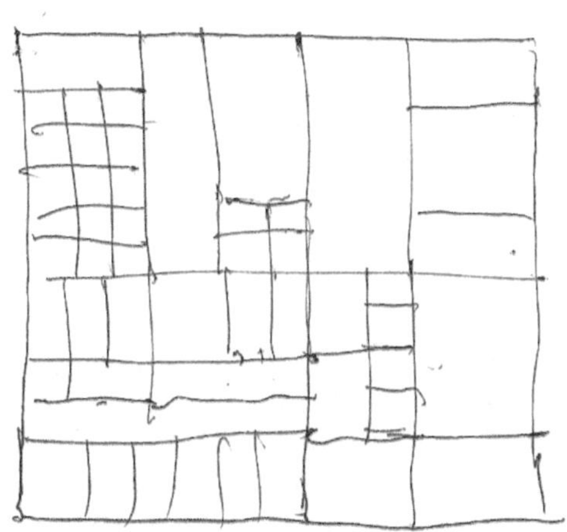

Figura 113. Arriba. Teatro *Die Kunstlinie Almere*. Abajo. Laberinto de Ashcombe. Australia.

La comparación de la obra de SANAA con un laberinto responde a un símil con el que se pretende buscar un entendimiento de la experiencia propuesta en los espacios por acumulación.

El laberinto tradicional es un jardín con setos elevados creado para provocar pérdida y falta de referencias. Es un lugar que predispone a la introspeccion. Fomenta la búsqueda de uno mismo y la búsqueda del ser amado para conseguir encuentros amorosos íntimos. Es, por tanto, un lugar en el que predomina la experiencia personal. Donde al visitante le resulta imposible distinguir en que parte del laberinto se encuentra frente al todo.

Son lugares en los que las jerarquías se borran y no hay distinción o diferenciación de espacios, todos los espacios del laberinto son iguales y tienen el mismo valor topológico, igual que ocurre en el *Stadstheater de Almere* (imagen 113). Las blancas y transparentes paredes del teatro, emulan los altos setos del laberinto. Mientas en el laberinto el seto verde es el elemento que ocupa siempre nuestra visión horizontal, en *Almere* será el paramento de acero pintado en blanco el que permanezca siempre en los 360 grados de nuestra vista.

El laberinto es quizás el espacio con ausencia de jerarquías más radical que existe. Sin referencias, SANAA utilizará esta forma de organización espacial como clave del espacio isótropo e inreferenciado que busca.

Es interesante señalar como el laberinto es, de hecho, una forma poco convencional de organizar un jardín. El laberinto es un *parque* donde los setos verdes hacen de tabiques y el cielo es la cubierta. El *teatro de Almere* de este modo resulta en un laberinto contemporáneo donde Sejima y Nishizawa buscan nuevas formas de crear espacios desechando las antiguas reglas de composición clásica en beneficio de nuevos sistemas de desorientación espacial con el objetivo de crear belleza basándose en la deriva.

Una de las características más comentadas sobre el *parque* de SANAA es la eliminación de las jerarquías en su obra de arquitectura. Sin embargo esto es solo una realidad simplificada de la verdadera relación de Sejima y Nishizawa con el concepto de jerarquía. De hecho, la obra de SANAA destierra el uso de jerarquías[29] convencionales por jerarquías propias y no tan obvias con el objetivo de que la desorientación espacial permita la mejor interrelación entre los usuarios del proyecto.

Si entendemos el concepto de jerarquía como la creación de referencias en un lugar que nos permita entender nuestra posición frente al paisaje o al edificio, entonces, las jerarquías creadas por SANAA funcionan como mínimos hitos que permiten orientarnos y dirigir la *experiencia* espacial del proyecto. Estos hitos provocan una intensidad suave del espacio. No se impone al visitante. Las obras de SANAA son marcos donde desarrollar la actividad humana.

Frente al laberinto blanco provocado por el sinfín de chapas de acero estructural en *Almere*, surgen perspectivas a través de los patios y huecos en las chapas, que nos proveeran de una mínima orientación para encontrar el agua y la referencia frente al entorno.

LA DERIVA COMO EXPERIENCIA ESTÉTICA

Una de las características más importantes en los parques por acumulación es la pérdida de referencias resultado de la adición de pequeños espacios. Esta falta de hitos provoca la mayoría de las veces un resultado de desorientación espacial en la que el visitante del edificio no consigue averiguar a dónde dirigirse o su situación respecto al plano del proyecto.

Esta creación del laberinto espacial resulta, quizás, la mayor virtud y a la vez el mayor problema en los proyectos de acumulación de SANAA. Los lugares faltos de jerarquías, donde todos los espacios tienen el mismo valor, provocan una sensación de pérdida que, en algunos casos y según qué programas, pueden resultar agradables, pero que en otros proyectos genera inquietud por la sensación de falta de orientación en el edificio.

El *teatro de Almere* es donde quizás se refleja mejor esta idea. Una serie de espacios rectangulares de diferentes tamaños se agrupan sin orden ni estructura aparente en un magma espacial de recintos blancos. O el *museo de Kanazawa* (imagen 114), donde el museo consiste en una serie de cajas de diferentes tamaños y proporciones que se agrupan dejando un espacio intersticial en medio.

La falta de centros provoca la desorientación y el deambular por el proyecto buscando ese centro que no tiene. Este deambular sin rumbo es el objeto a conseguir con la erradicación de referencias de SANAA. Los hitos crean lugares estables desde los que fomentar la contemplación del resto del edificio, situaciones espaciales intensas basadas en luces y sombras o efectos de compresión y descompresión, mientras que el laberinto presenta una intensidad homogénea del espacio. Esto provoca la deriva, el deambular de un punto a otro del proyecto sabiendo que todos son iguales. En los edificios de SANAA, se considera esa deriva o deambulatorio,[30] como la experiencia estética más importante del edificio.

Sin embargo, no por carecer de hitos, pierde el espacio su carácter. Al contrario, en los isótropos y homogéneos espacios del *concurso de Mercedes Benz* encontramos un gran placer estético en el acto de recorrer el espacio de losas onduladas blancas y pilares delgadísimos en el que casi no disponemos de un horizonte exterior al que mirar.

 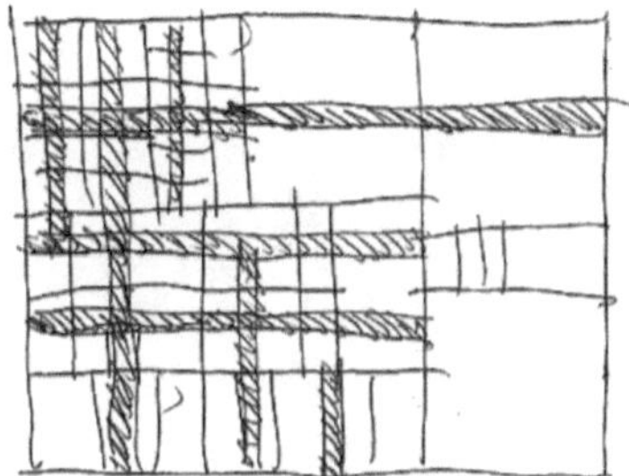

Figura 114. *Museo de Kanazawa* (izquierda)
y *teatro de Almere* (derecha). La forma de
recorrer el edificio no está prefijada de
antemano, hay multitud de caminos posibles
que predisponen a la desorientación
espacial y a la deriva.

Es el placer estético de la deriva, del sentirse perdido y del deambular
y del errabundeo.[31] En el *pabellón de vidrio* o en *Almere* no encontramos ninguna referencia clásica, tan solo reflejos y paredes blancas
respectivamente, pero el andar en un espacio tan homogéneo, tan
isótropo y tan falto de lugares especiales resulta en una experiencia
estética placentera.

En *Almere* (imagen 114) el límite de jerarquía entre tabique y estructura
queda sometido también a juicio. Dónde en un edificio convencional
se diferencia entre paramento vertical portante y paramento vertical
para dividir, en el *teatro Shouwbourg*, todos los paramentos verticales son portantes y lo más finos posibles. La delgadez del tabique
portante, es lo que en este caso borra la jerarquía de la estructura
respecto al paramento convirtiendo el teatro en un *continuum* de salas
encadenadas fomentando la deriva y el laberinto.

LA PERSPECTIVA COMO JERARQUÍA

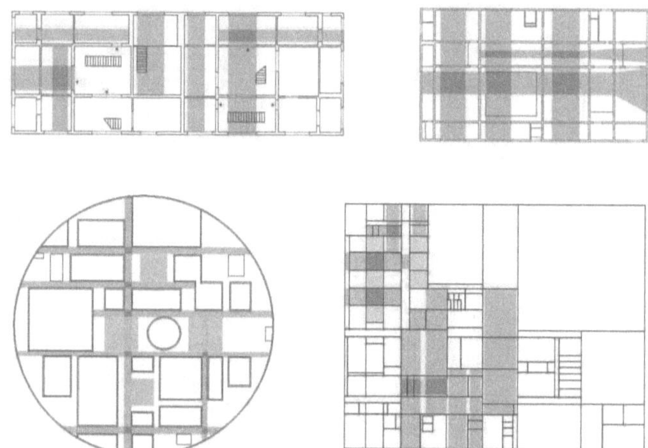

Figura 115. Arriba, izquierda. *Apartamentos Funabashi.* Suma de perspectivas longitudinales y transversales. Arriba, derecha. *Casa en China.* Suma de perspectivas longitudinales y transversales. Abajo, izquierda. *Museo de Kanazawa.* Situación de los patios y corredores visuales. Abajo, derecha. *Teatro de Almere.* Perspectivas a través de los patios.

La falta total de límites y jerarquías produce una sensación de pérdida tan fuerte que en algunos casos resulta imposible realizar el uso en el edificio. Con el fin de arreglar esta situación y proporcionar un mínimo de orientación y posibilitar por tanto el uso del proyecto, SANAA retoma el uso de la perspectiva, del corredor visual o de la fuga para crear largas vistas en los que el visitante, pueda al menos tener una incipiente orientación.

Estas perspectivas no son en modo alguno creaciones de ejes axiales que organicen la mirada y el recorrido al modo de la perspectiva renacentista de Brunelleschi mediante "cubos espaciales", sino que son pequeños ejes de orientación que aparecen en el proyecto, de forma

Figura 116. *Enfilades* clásicas en el palacio barroco de Blenheim. San Petersburgo. Las *enfilades* crean orientación, jerarquía y espacio.

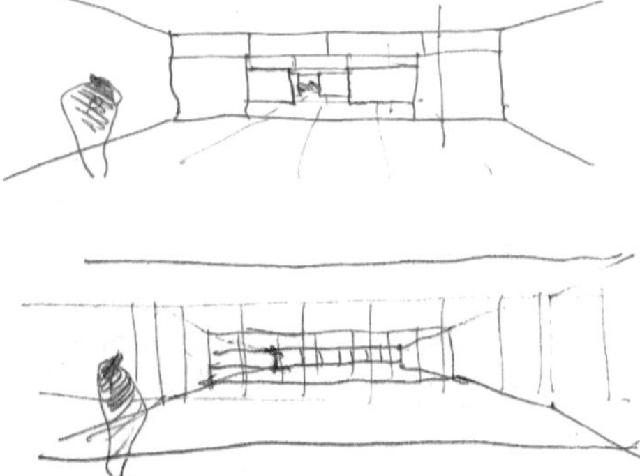

Figura 117. Arriba. Perspectivas a través de los *shojis* en la *villa imperial de Katsura*. Abajo. Perspectivas a través de los patios del *teatro de Almere*.

suficientemente suave para que el laberinto siga entendiéndose como tal y de forma suficientemente enérgica para ser entendida por el visitante.

La *enfilade* consiste en alinear sucesivamente una habitación con otra de tal forma que las puertas entrantes a cada habitación estén alineadas con las puertas contiguas proporcionando una vista completa a lo largo de toda la sucesión de habitaciones. Este mecanismo permite una rápida orientación en la retícula de habitaciones de tal forma que vista y recorrido discurren paralelos.

Observando las plantas de los palacios barrocos de *Blenheim* o *San Petersburgo* (imagen 116) encontramos gran afinidad con los proyectos de *parques* acumulación como *Almere* o *Funabashi*, en el sentido de que están únicamente formados por retículas de tabiques que crean habitaciones de diferentes tamaños que se atraviesan siguiendo una

Figura 118. Izquierda. Perspectivas en la *casa en China*. Dereha. Perspectivas en los *apartamentos Funabashi*.

secuencia. Sin embargo el concepto fundamental que supone la diferencia entre SANAA y la *enfilade* clásica es la jerarquía. Los ejes creados por *enfilade* en los palacios Barrocos crean ejes principales que indican claramente por donde recorrer el edificio y a dónde mirar y no se cruzan con otros ejes. En los proyectos de SANAA la *enfilade* crea ejes pero no les asigna valor jerárquico alguno. Tienen exactamente el mismo valor que su contiguo. Este mecanismo crea una red capilar de perspectivas que se cruzan y superponen permitiendo, en cierta medida, orientarse y averiguar la situación respecto al proyecto completo.

La *enfilade* para SANAA es por tanto, un mecanismo de orientación. En la *casa en China*, la red de perspectivas creadas mediante *enfilade* se superpone a la retícula de tabiques estructurantes del proyecto. De este modo el espacio de la casa queda estructurado mediante la superposición de dos retículas, la de los tabiques y las de las *enfilades*.

Las *enfilades* de SANAA pueden tener algo que ver con el espacio tradicional japonés y su modo de organización espacial mediante los cierres y aperturas de *shoji* (imagen 117) sin referencias, ya que a pesar de la gran cantidad de perspectivas presentes en el *teatro de Almere*, es imposible encontrar una jerarquía de las mismas. Nos es imposible decir cual es más importante o más necesaria que otra. Si acaso, de un modo lejano, podemos entender los corredores visuales que llevan al foyer de entrada como perspectivas primarias por ser fundamentales en la orientación, sin embargo si lo son en la orientación, no lo son a la hora de crear espacio.

ALMERE DIE KUNSTLINIE. ANÁLISIS (1998-2006)

Situación urbanística

El *teatro Almere die Kunstlinie* se inserta al borde del lago siguiendo
el masterplan de **OMA** (imagen 120). Las directrices del masterplan
implican construir una alta densidad de edificios de oficinas al norte
de la estación central de tren para poder liberar el resto del área y
dedicarla a equipamientos culturales y de servicios. **OMA** crea por
tanto un paseo hacia el lago, tensado por el borde horizontal mismo
del agua y el perfil de los rascacielos y torres de la zona de oficinas.

Este paseo propuesto, de aproximadamente un kilómetro, comienza
justo en la estación de tren y atraviesa diversos boulevares comerciales teniendo como punto de llegada y referencia el lago.

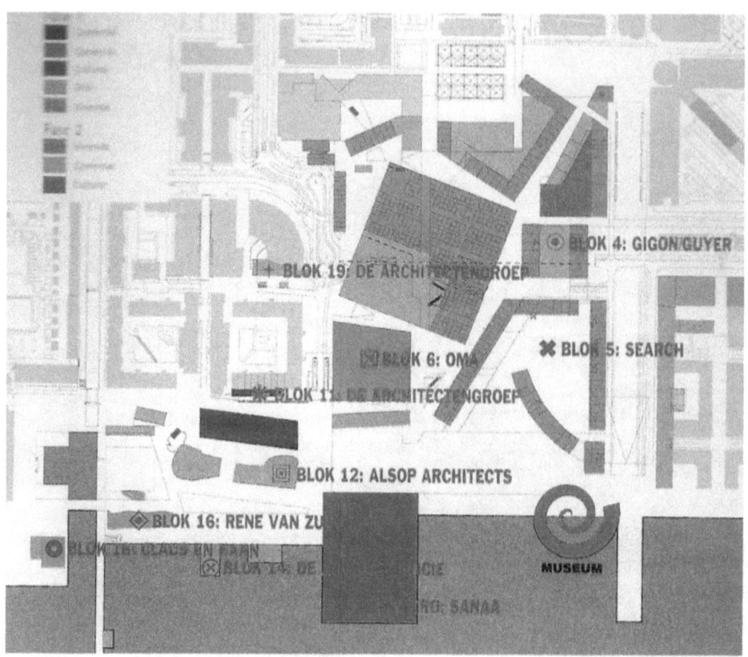

Figura 120. Masterplan de OMA para *Almere*.

Una vez atravesados los atrios comerciales, el boulevard culmina en una gran plataforma abierta al lago pensada para posibles eventos al aire libre. Dicha plataforma es flanqueada por dos equipamientos que acotan las vistas del espacio público lateralmente y las dirigen al azul del agua. De las dos piezas previstas de equipamientos en el masterplan de OMA, únicamente el teatro de SANAA se ha construido.

En conclusión con los objetivos del masterplan, el teatro de SANAA debía mantener y potenciar la horizontalidad del agua y del espacio público adyacente y el contraste con la verticalidad de la zona de oficinas.

Al estar descentrado respecto al eje del boulevard, las primeras vistas y perspectivas son diagonales, es decir, comparte visión con el lago y la plataforma pública. Por tanto el teatro visto desde la ciudad enfatiza la continuidad horizontal propuesta por OMA, al mismo tiempo que clarifica el borde urbano debido a la rotunda presencia de las

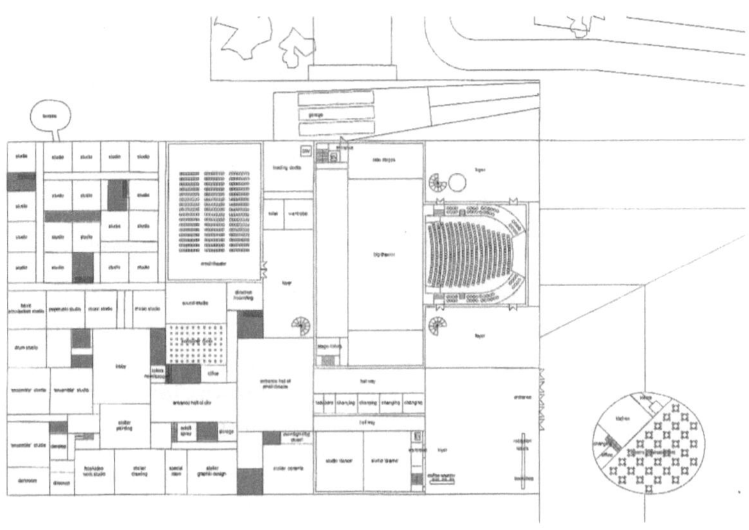

Figura 121. *Almere*. Planta del proyecto
de concurso.

cajas de los auditorios. Por el contrario, la vista desde el lago permite
entender el teatro como un fino plano que gravita sobre el agua y, ya
que el teatro es una actividad nocturna, en las noches de representación, desde el lago, la vista es de un ligero plano de luz que parece
levitar sobre el agua.

Primer proyecto. El concurso

Para estudiar la evolución del proyecto del *teatro Die Kunstlinie en Almere* de SANAA, dividiremos el proyecto en dos fases. Una primera fase
responde a la propuesta de concurso y la segunda al proyecto construido.

Observando la documentación básica de planta y secciones, destaca
por encima de cualquier observación, la horizontalidad del proyecto.

 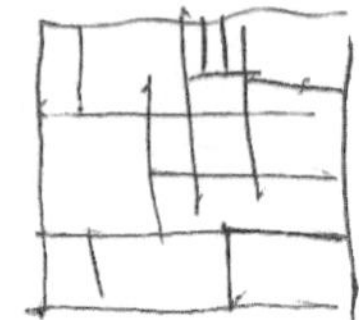

Figura 122. Concepto de flexibilidad del *Showbourg Almere*. Frente al gran espacio abierto organizado por tabiques móviles. SANAA propone un sistema rígido, pero capaz de albergar cualquier actividad manteniendo la privacidad.

Las secciones presentan un gran plinto de una sola altura flotando en el lago en el que las cajas de los auditorios emergen como rocas translucidas. Asimismo la planta presenta un enorme rectángulo conteniendo una amalgama de espacios rectangulares de diferentes proporciones y sin aparente relación entre ellos.

Tan solo dos espacios quedan fuera del rectángulo y que posteriormente en la fase de desarrollo serán eliminados: por un lado la terraza en forma de ameba en la esquina suroeste del edificio, con referencias a la singularidad de la capilla del *hospital de Venecia* de Le Corbusier, que será suprimida al situar en esa zona la carga y descarga del auditorio y por otro lado la cafetería, que en fase de concurso se sitúa como un gran cilindro ocupando la explanada previa horizontal y que posteriormente será colocada en el interior en un restaurante con mejores vistas al lago.

El gran punto que defiende SANAA en la propuesta del concurso es la creación de un espacio que sea flexible pero sin tener que alterar su configuración física (imagen 122) para el gran programa a satisfacer: salas de ensayo de orquesta, camerinos, aulas de música y grandes espacios de trabajo en común, Sejima y Nishizawa responden con una organización en planta de rectángulos de tamaños diversos que albergan el programa pedido. Las particiones de estos espacios serán estructurales, con lo que el cambio de forma de un espacio en otro queda eliminado. La flexibilidad propuesta y distinta consiste en que si necesitas un espacio más grande, ocupa un rectángulo adyacente más grande.

Del mismo modo, este concepto de flexibilidad redefine el concepto de universalidad del espacio. En realidad, el teatro, según afirma SANAA, permite un uso casi universal, ya que han predispuesto salas de todo tamaño par albergar todo tipo de actividades. Lo novedoso es que ésta universalidad no se produce por tener un gran espacio al modo del

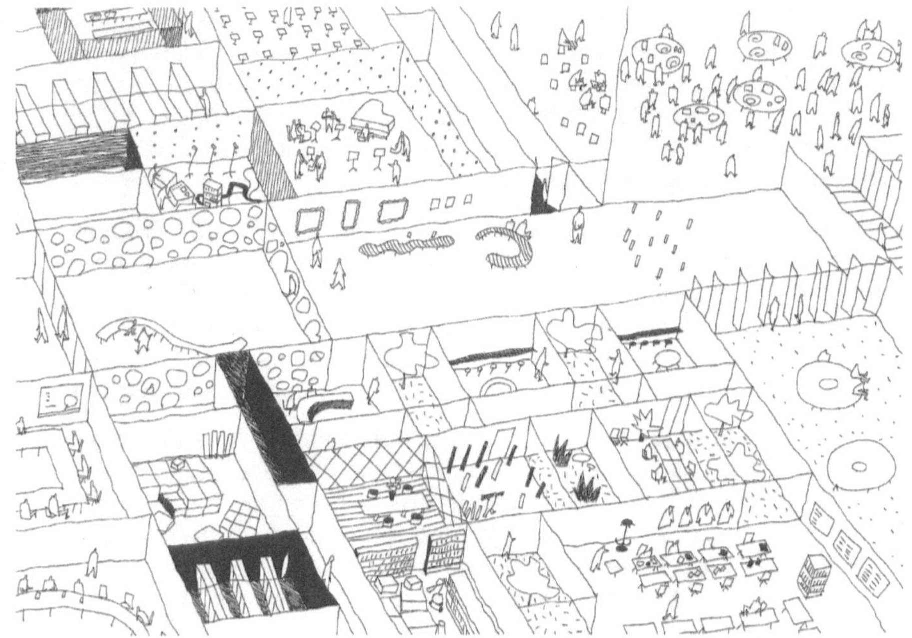

Figura 123. Croquis de Ryue Nishizawa
sobre *Almere*.

Convention Hall miesiano que sirva para todo sino, por la *acumulación* de espacios de diferentes tamaños pero de similares cualidades.

En realidad, los croquis que acompañan al concurso del señor Nishizawa (imagen 123) son tremendamente explicativos para los objetivos buscados. Se propone espacios de diferentes materiales y diferentes texturas, acero, madera, vidrio, goma... De hecho, lo que están contando los croquis es que da igual el material de que se hagan los rectángulos, únicamente su proporción importa.

En los dibujos vemos, cómo las salas de diferentes materiales y texturas tienen, en algunos de sus lados, vidrio. Estos vidrios, permiten la creación de vistas simultáneas entre los distintos rectángulos y que unidos a los vidrios de los patios, permiten entender el proyecto como un espacio volcado al paisaje del lago y hacia el propio paisaje interior del edificio. En los croquis, estas vistas horizontales a través de las salas, están únicamente enunciados, ya que en la planta de concurso no aparece todavía la división entre paramento opaco y paramento transparente, pero que será en el desarrollo del propuesto construido, cuando estos rectángulos se comunicarán mediante vidrios en la creación de grandes perspectivas que serán el eje de la organización programática y espacial del edificio.

Este concepto de horizontalidad a través de vidrios y filtros, verdadero concepto de espacio horizontal distinto, se ve mejor reflejado en la maqueta, donde la mezcla de texturas propuestas en los croquis y en los fotomontajes queda en segundo plano frente a la materialidad traslucida, transparente u opaca de las particiones interiores y que anticiparán los magníficos espacios en perspectiva filtrados del proyecto construido.

Por tanto, en la organización en planta del proyecto (imagen 121) de concurso, observamos la aglomeración de salas rectangulares intercaladas con unos patios pintados en gris oscuro para hacer posible su entendimiento. A priori, no hay ninguna relación entre la situación de los patios y las salas. En esta fase de proyecto, únicamente están colocados para dotar de iluminación y ventilación a las salas. Les queda por tanto un gran avance para erigirse en los protagonistas que serán en el proyecto final.

La planta de concurso tiene un marcado carácter laberíntico, diseñado para perderse. La referencia al lago es completamente ignorada en cuanto a organización de recorridos o vistas (a diferencia de lo que sucederá en el proyecto final).

En la organización programática, vemos que lógicamente, los lugares más públicos (vestíbulos de las salas grandes, grandes salas de ensayo...) están situados frente a la plataforma previa, mientras que lo más privados se colocan en el lado más alejado de la entrada, al lado del lago. Sin embargo, produce sorpresa que no haya reflexión sobre el borde del edificio con el agua. Las salas del proyecto se extienden, y en cierto momento se acaban creando un borde físico con el lago, pero en ningún caso, observando la planta podemos percibir donde esta el agua respecto a los ejes del proyecto. Este hecho cambiará en el proyecto construido, donde alrededor de algunas salas se propondrá un espacio colchón de circulación al modo de *engawa* que regulará la relación con el lago.

En consonancia con este concepto, el tránsito entre las diferentes salas del proyecto de concurso se produce sin pasillos, únicamente acce-

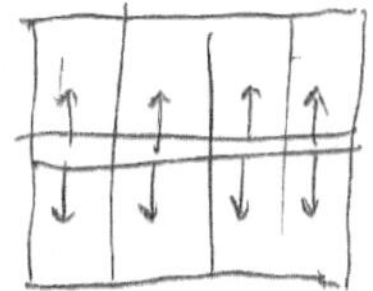 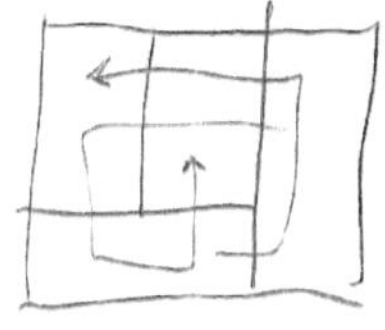

Figura 124. Comparación entre un espacio jerárquico de espacios servidos y espacios servidores, frente a un espacio en el que el recorrido es secuencial.

diendo de una sala a otra por medio de una partición fina. Este gran concepto de deambular en el laberinto, al modo de una deriva situacionista, cobra gran importancia, pues Sejima y Nishizawa defienden que, frente a los espacios horizontales tradicionales en los que se propone una experiencia de contemplación del horizonte estática; para entender el espacio horizontal del *Showburg Almere*, es preciso un recorrido atravesando salas, una *promenade* para entender la relación de vistas al lago y al cielo por medio de las transparencias superpuestas de los vidrios. Esta forma de recorrer y experimentar el espacio del teatro deriva más en una secuencialidad que en una continuidad del espacio.

Con el afán de llevar el *laberinto* a su máxima expresión, no hay ningún tipo de perspectiva de referencia o hito hacia el cuál la mirada nos permita dirigirnos. En el teatro se eliminan de forma completa las jerarquías convencionales. Así como en el proyecto construido que luego analizaremos, surgen diversas perspectivas al lago o a los patios que permiten entender la situación del visitante en el edificio y producir una cierta orientación respecto al paisaje o las cajas de los auditorios; en la propuesta de concurso se prefirió investigar el laberinto hasta el final, dónde únicamente los *foyer* y los escasos patios aparecen como elementos ajenos al magma de salas ortogonales.

Si nos fijamos en el dibujo de la planta de concurso (imagen 121) podemos observar que, a priori, es imposible diferenciar el uso de los espacios. Únicamente podemos asegurar la situación de los escenarios de las tres salas principales por el dibujo de las butacas; de desaparecer el dibujo del mobiliario, incluso estas tres salas se confundirían con el resto de espacios del proyecto, pues ni siquiera el tamaño de la sala permite la diferenciación topológica.

El caso más clarificador es el de los patios. En la disposición de los patios del concurso, de no ser por el color, es imposible adivinar su situación en planta.

Figura 125. *Almere die Kunstlinie*. Planta
del proyecto construido.

El proyecto construido

Los principales cambios devienen en el valor dado a los patios, que redefine el concepto de jerarquía, y una reorganización de las circulaciones.

Frente al proyecto original de concurso, donde toda jerarquía quedaba manifiestamente abolida y el proyecto devenía en un laberinto; en el proyecto final, el concepto de jerarquía se ha refinado y sometido a una importante redefinición y análisis. Orientarse en la planta de concurso es, prácticamente, imposible. Toda su organización y diseño fomenta la falta de referencias. Se propone la creación de salas de estructura laberíntica en la que el visitante se apoye únicamente en la situación y tamaños de los grandes foyer para tener una mínima orientación. Adicionalmente, los patios no toman valor organizativo alguno, ni referencial.

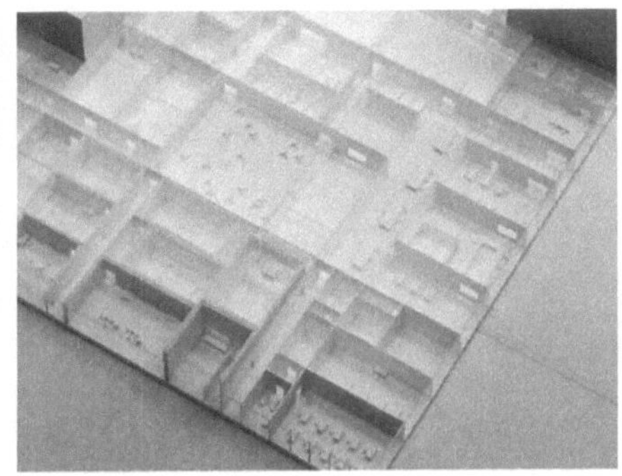

Figura 126. Vista de la maqueta con los huecos rectangulares en las particiones de acero para crear perspectivas secundarias en maqueta de desarrollo de proyecto. Al final, no construidos los huecos por falta de presupuesto.

Esta situación origina la falta total de jerarquías y la imposibilidad física de orientarse en el proyecto o que el visitante conozca su situación en función al resto del edificio. Esta falta de hitos viene apoyada por la completa falta de pasillos, elementos de circulación en el proyecto y por la falta de definición en la situación y forma de los patios. El proyecto del teatro era por tanto como un deambular por un laberinto de salas rectangulares en los que, de vez en cuando, una gran sala que actuaba como *foyer* indicaba la presencia cercana de alguna de las cajas de los auditorios. Conceptos tan interesantes como la solución de las vistas al lago, la colocación de los patios de forma precisa o la indicación de la situación de paramentos opacos o transparentes quedaban sin resolver.

Sin embargo, el gran avance y desarrollo del proyecto construido consiste en abandonar la radicalidad del proyecto de concurso en cuanto a la falta total de jerarquías y proponer una organización del edificio basada en jerarquías no convencionales y en la belleza de la deriva laberíntica.

Para ello se servirá de la situación de los patios y su perímetro de vidrio, de la singularidad de la estructura y de recortes en los paramentos que forman las salas rectangulares. El gran elemento que permitirá esta singular forma de orientación es la perspectiva. Grandes perspectivas de filtros de los vidrios de los patios superpuestos organizarán y llevarán la mirada, tanto al lago como a los grandes *foyer*, referentes organizativos del proyecto; idea que ya se intuía en los croquis a mano alzada del concurso. Asimismo, y luego finalmente abandonados en la fase final por problemas económicos, se plantea-

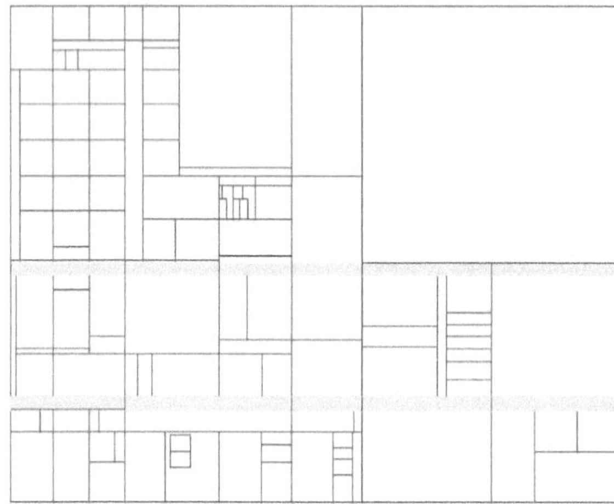

Figura 127. Principales corredores de orientación al lago.

ban huecos en las particiones de acero estructurales del edificio que creaban perspectivas adicionales (imagen 126) de menor importancia, pero que complementaban las perspectivas principales a través de los patios, como podemos ver en la foto de la maqueta. Se proponían entonces dos niveles de jerarquía basados en la perspectiva. Primera y principal la creada por los patios y los paramentos de vidrio y, segunda, la creada por los huecos concatenando en las particiones estructurales de acero.

El espacio horizontal propuesto consiste entonces en el deambular por las salas rectangulares, con los *foyer* como lugares principales y con las perspectivas filtradas de los vidrios hacia el lago y hacia los propios *foyer* como referencias en el gran magma blanco.

Desde el gran *foyer* de la entrada obtenemos las dos primeras perspectivas (imagen 127) que nos invitan a entrar en el edificio y que actúan como primera referencia. Estos dos ejes visuales, cuyo punto de fuga final es el lago, son la referencia durante todo el recorrido por el edificio. Estas dos perspectivas, que no corredores o pasillos, atraviesan los 4 *foyer* principales, teniendo por tanto siempre en *los foyer* estas fugas para situar la salida o el borde del edificio con el lago.

Figura 128. Transparencias de los patios, direcciones *x* e *y*.

Si bien, el gran avance frente al proyecto de concurso consiste en una reflexión sobre el valor del patio. Frente a la planta de concurso, donde no se revela ninguna intención en la situación del patio, en la planta final ocupan una importantísima función. Además de iluminar y ventilar las salas, los patios forman junto con los vidrios de las salas, el sistema de perspectiva a través de filtros que sirve para orientarse en el edificio en adición a los dos corredores principales. Las visiones a través de los vidrios de las salas atraviesan el patio y los vidrios de otras salas, creándose perspectivas de capas de cristal que llevan al lago o hacia los *foyer*.

Es una forma distinta de organizar la orientación en el edificio, una búsqueda por las jerarquías no convencionales que retoma el valor de la perspectiva renacentista como un instrumento arquitectónico totalmente contemporáneo.

Dichas perspectivas (imagen 128), se cruzan en ambos ejes, *x* e *y*, llegando a encrucijadas donde la mirada tiene dos direcciones a seguir, acabando una de ellas en el lago y otra en los *foyer*.

Sin embargo SANAA, en las perspectivas de los patios, tan solo en 3 veces acaban en el lago. El resto de visuales prefieren dirigirlas hacia

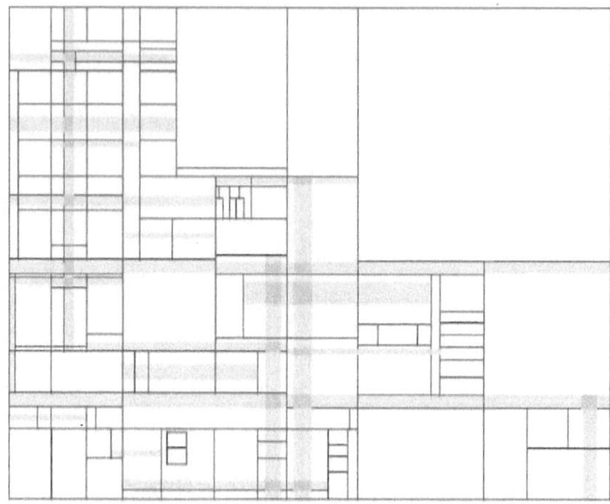

Figura 129. Superposición de perspectivas en *enfilade* de los huecos de las chapas. No construidos en el proyecto final.

los *foyer* (como una mirada introvertida sobre el propio edificio, un horizonte interno).

Estas perspectivas son el verdadero instrumento de orientación y mecanismo creador del espacio horizontal del edificio. Recorrer el *Showbourg Almere* es deambular por las grandes salas de los *foyer* mientras vamos encontrando perspectivas concatenadas a través de los patios que nos sitúan frente al lago y frente al propio uso y programa del edificio.

Como hemos comentado antes, en la foto de una maqueta previa a la versión construida (imagen 126), observamos en las particiones de acero que conforman las salas, unos recortes en las chapas que crean unas perspectivas de segundo orden, y que por motivos económicos fueron desechadas en el proyecto construido. Estas perspectivas, pueden entenderse como un complemento de segunda magnitud de las perspectivas principales de los patios y de los vidrios. Se entienden quizás en un uso más restringido (imagen 129). Mientras las perspectivas de los foyer y de los patios son creadas para ser vistas por el visitante que deambula por el teatro, las perspectivas de los recortes son situadas en la maqueta en lugares más privados, en las salas de música o en las aulas, para que sean disfrutadas por el usuario de modo más íntimo. Se superponen perspectivas de espacio público de los patios a perspectivas privadas de los recortes en los muros.

Es de destacar que, como hemos señalado antes, las perspectivas de los patios, dirigen la mirada hacia los *foyer*, por el contrario, las perspectivas propuestas en los recortes de los muros se dirigen totalmente hacia el lago. Proponiendo, en las salas más privadas, una vista de perspectivas sucesivas del agua. Por tanto, no solo se superponen estos dos tipos de perspectivas en cuanto a su uso privado vs. público, sino también en la dirección de la mirada, x vs. y.

Es realmente una pena que este mecanismo no fuera al final introducido en el proyecto final, pues habría creado una trama adicional de fugas horizontales hacia el agua que dialogaría con las fugas primarias de los *foyer*.

Hemos visto por tanto, como SANAA usa la fuga y la perspectiva para crear un espacio horizontal, un sistema de jerarquía y un mecanismo de orientación que constituyen los verdaderos hitos espaciales del proyecto *Schouwbourg Almere* y que conforman una línea de investigación, basada en la creación de *parques* por acumulación, que promete, aún, dar sus mejores frutos.

EVOLUCIÓN DE LOS *PARQUES* POR ACUMULACIÓN

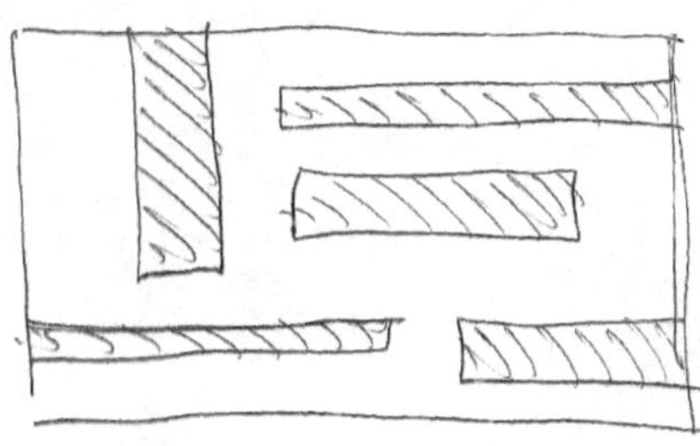

Figura 130. IIT Center. (1998).

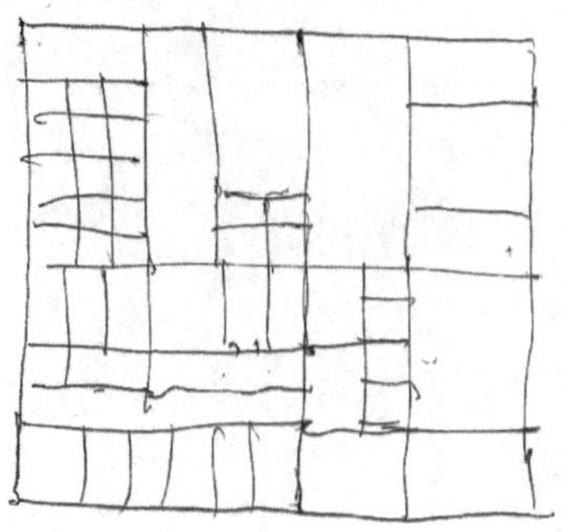

Figura 131. Schowbourg Almere. (1998-2006).

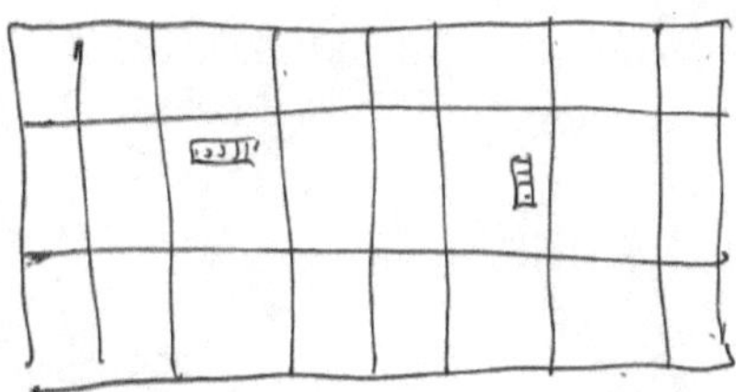

Figura 132. Schowbourg Almere. Funabashi. (2002-2004).

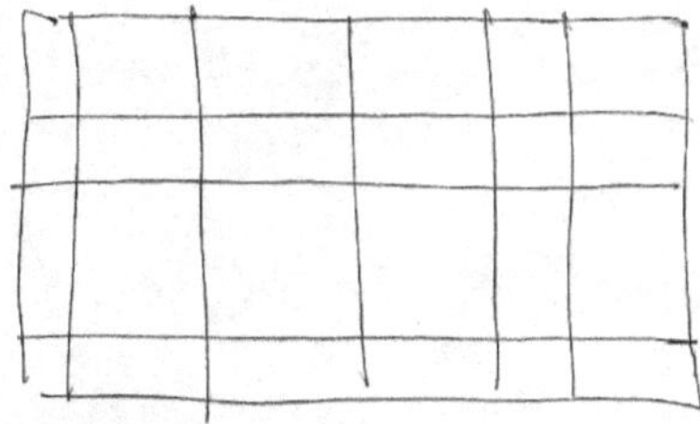

Figura 133. Casa en China. (2003).

Figura 134. Pabellón de vidrio. (2001-2006).

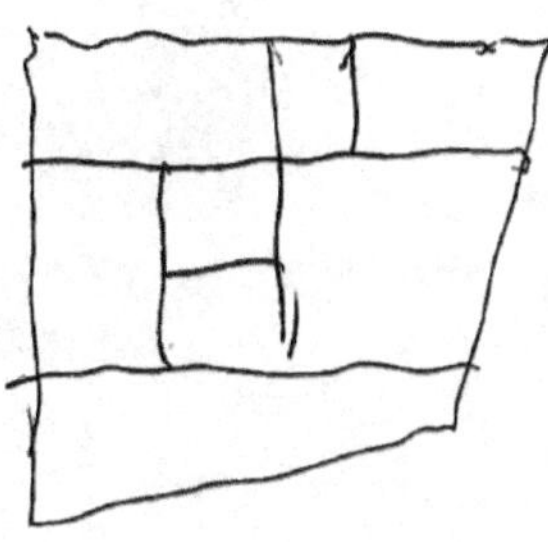

Figura 135. Casa en el huerto de ciruelos. (2003).

6.

SÍNTESIS Y CONCLUSIONES

Dos puntos son el objeto fundamental de reflexión e investigación a lo largo del libro y que constituyen gran parte de los objetivos de la arquitectura de **SANAA**.

LOS HORIZONTES INTERNOS DE LA MIRADA

Los procesos de formación del *mat-building* propician una extensión ilimitada del proyecto al estar definido por leyes internas más que como constricciones del paisaje exterior. Esta extensión "infinita" del edificio produce que la visión del paisaje horizontal creado, no sea la visión tradicional de un horizonte lejano del modo que se visualiza en la *Galería de Berlín*, sino una dirección de la mirada hacia los propios paisajes interiores del propio proyecto.

El gran crecimiento en horizontal de algunos de los proyectos de SANAA consigue que el espacio más importante no sea el de la visión del paisaje exterior, sino el paisaje observado en el interior del proyecto.

Tanto en los *parques* por continuidad o en los de acumulación, se produce la oposición entre estos dos horizontes, uno exterior, que podemos llamar "horizonte lejano" por su dependencia de la visión en lejanía, y otro interior, un "horizonte interno" que dirige la vista hacia el paisaje del propio edificio.

Esta confrontación se produce gracias a la confianza en la luz artificial, o a la inclusión de patios que rompen la continuidad de los planos o estancias.

Los proyectos de Sejima y Nishizawa se extienden como una alfombra por el paisaje. Es únicamente en su perímetro donde, debido a la luz natural se puede contemplar el horizonte exterior. Por el contrario, el horizonte de la mirada principal que proponen Sejima y Nishizawa es el formado por la unión de los dos planos ondulados o el cúmulo de estancias del proyecto, siendo este horizonte interno el verdadero argumento de proyecto.

Es destacar, que este horizonte interno, que por lógica surge en los proyectos de mayor extensión, en los proyectos de menor tamaño, también es incorporado, siendo la visión más interesante la que se dirige hacia el interior en vez de hacia el paisaje o naturaleza exterior.

Esta situación se opone en muchos casos a lógicas arquitectónicas clásicas, donde en una situación con un exterior hermoso, se suele buscar siempre la referencia de ese horizonte exterior. Esta decisión de volcar la mirada al interior, puede también entenderse como la afirmación de una cierta autonomía de la arquitectura frente al lugar.

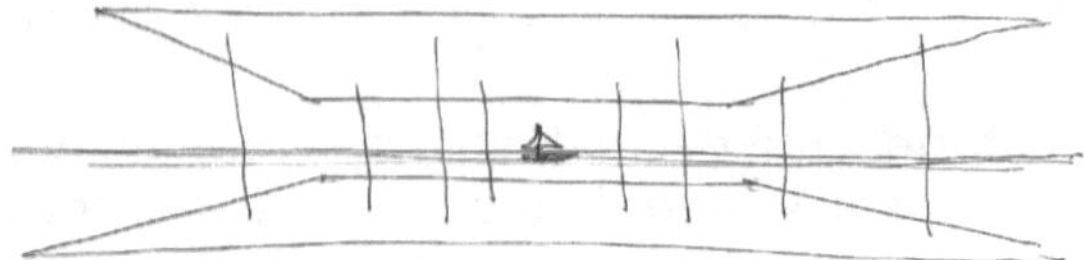

Figura 136. Horizonte externo. *Terminal de Naoshima.*

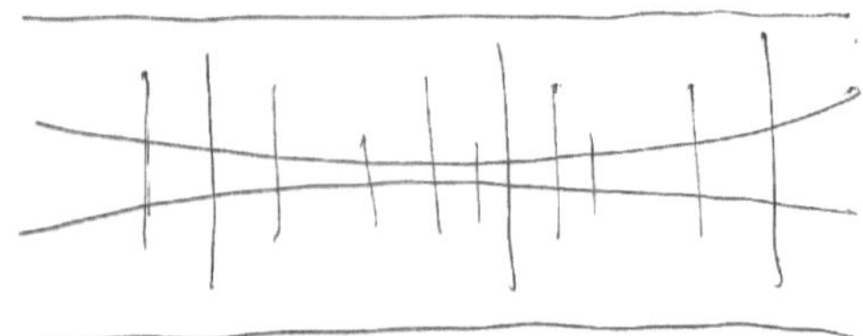

Figura 137. Horizonte interno. *Museo Mercedes Benz.*

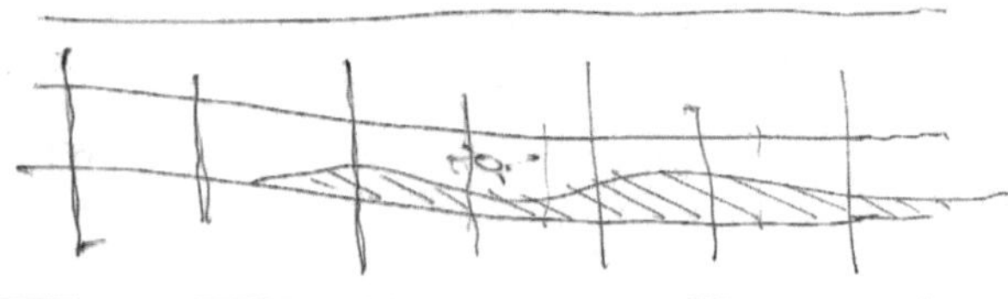

Figura 138. Horizonte externo. *Museo Mercedes Benz.*

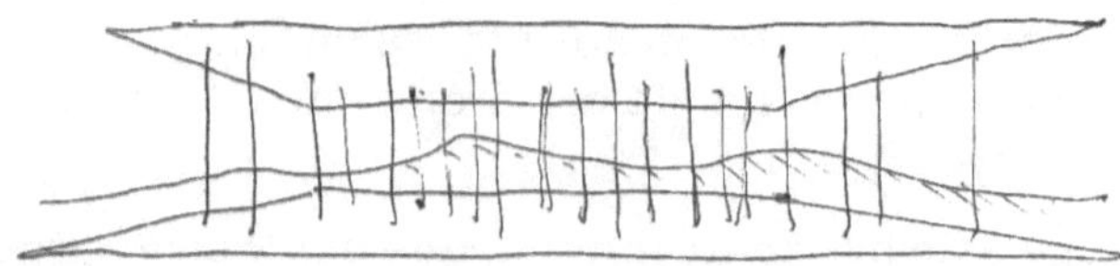

Figura 139. Horizonte interno. *Park Café.*

Las obras de SANAA parecen proponer en gran medida una visión ensimismada de la arquitectura, esto también parece oponerse al concepto del perímetro de vidrio omnipresente en todos sus proyectos y al entendimiento de la arquitectura como sistema desde el cual entender el *genius loci* del lugar y el contexto.

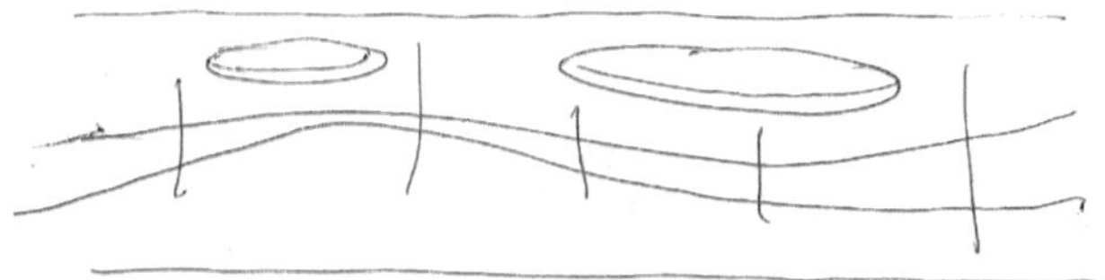

Figura 140. Horizonte interno. *Centro Rólex*.

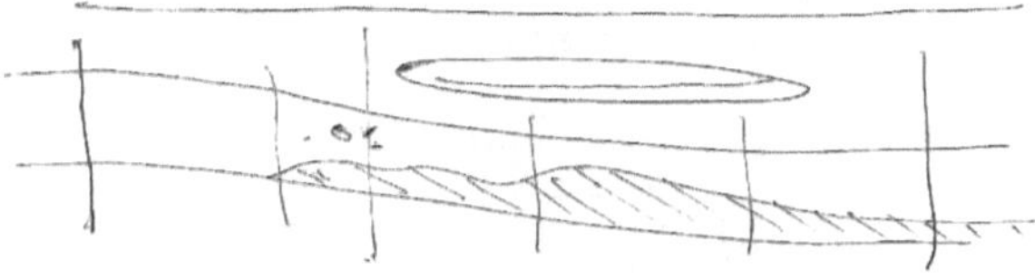

Figura 141. Horizonte externo. *Centro Rólex*.

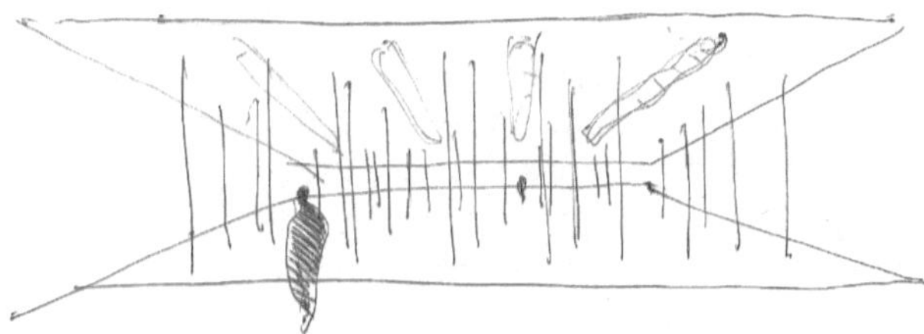

Figura 142. Horizonte interno. *Instituto de tecnología de Kanagawa de Ishigami*.

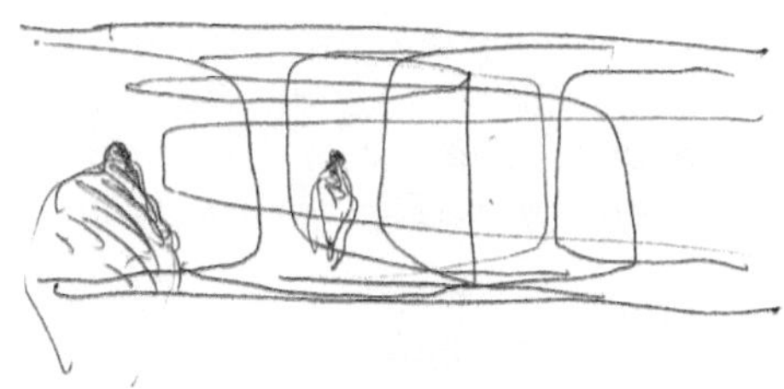

Figura 143. Horizonte interno. *Pabellón de vidrio*. SANAA.

En cualquier caso, los horizontes internos son, una característica principal de la arquitectura de SANAA que muchas veces constituye el motivo estético fundamental del proyecto y que se erige como un horizonte distinto del heredado del Movimiento Moderno.

EL LABERINTO Y EL HILO DE ARIADNA

El laberinto es entonces de los sistemas proyectuales claves para entender el espacio de SANAA según hemos visto en el libro. El laberinto entendido como un espacio sin *logos*, sin razón. Aquello que decía Goya de que el sueño de la razón produce monstruos. SANAA parece que nos quita el *logos*, es decir, los sistemas de orientación y de orden básicos en la arquitectura, para producir una nueva belleza basada en el sentimiento de pérdida y de desorientación.

Esta proposición de la belleza del laberinto como motivo estético parece enfrentarse también a la definición propia de arquitectura, si entendemos como Arquitectura a la manera más sencilla de ordenar el espacio en el tiempo.

Es el placer estético del errabundeo, del sentirse perdido. Esto permite al habitante explorar de forma distinta el proyecto cada vez.

Esta actitud de SANAA de promover el laberinto para proporcionar una deriva sin referencias al habitante puede ser entendida como una transposición arquitectónica de aquellos ideales situacionistas que propugnaban el andar, el vagar y el errabundeo como una práctica estética en si misma de conocimiento urbano.

SANAA eleva entonces la tradición del *flâneur*, aquel personaje que se deleita con los vagabundeos por la ciudad, al rango de operación estética.

Pero SANAA, siempre nos va a dejar un pequeño hilo de Ariadna para orientarnos, para encontrar la salida. Nos va a permitir un cierto sistema racional, un *logos*, con el que va a ser posible, en alguna medida, descubrir un modo de orientarse en el edificio y escapar del Minotauro.

Y este hilo, van a ser en gran medida las perspectivas. Estas fugas o corredores visuales se van a erigir como las mínimas referencias del espacio.

Entonces el trabajo con la jerarquía, que a priori consistía en un borrado o eliminación de las jerarquías de proyecto se convierte entonces en una sustitución de las tradicionales por unas jerarquías propias y quizás de apreciación más sutil. Se busca una cierta homogeneización del espacio más que una diferenciación mediante la jerarquía.

Hemos visto entonces que el concepto de laberinto en la obra de
SANAA es en cierto modo ambiguo. Por un lado pretende incorpo-
rarlo de forma radical en sus propuestas y más en concreto en las primeras etapas, sin embargo, mediante la introducción de perspectivas
sutiles, que en un principio podrían negar el concepto del laberinto,
pretende darnos una salida a la completa pérdida.

Respecto a la estructura, SANAA presenta también una cierta ambi-
güedad; por un lado, nos la afirma para presentarla como orden del
espacio y por otro la disuelve en el bosque laberíntico o la neutraliza
y hace disminuir su presencia. En cualquier casa, la estructura de
SANAA presenta una libertad total basada en los avances tecnológicos de nuestra época. Avances de los que Mies no pudo disponer.
Estructuras tan esbeltas como bosques de bambú, edificios construidos como nubes de reflejos de pompas de jabón, gasas casi casi que
como velos de novia envuelven los edificios, o grandes hojas de papel
dispuestas en el paisaje, únicamente han sido posibles en esta época
y gracias a una alianza importante entre arquitectura e ingeniería.

Estas ambigüedades o quizás contrariedades, que se perciben en la
obra de SANAA no tendrían entonces un sentido peyorativo, sino que
se configuran como un mecanismo dialéctico necesario para originar
la deriva.

Entonces creemos que la clave que aporta SANAA a la concepción
del proyecto moderno es proponer el laberinto como una propuesta
de belleza contemporánea en la que todavía queda por explorar sus
más radicales expresiones.

Esperamos que el recorrido por los proyectos construidos de SANAA
y la deriva mental por los no construidos estudiados en este libro,
supongan un viaje placentero, en el que, como la propia Sejima nos
cuenta, su arquitectura es un juego en el que las reglas no están fijas,
sino que cambian constantemente.

BIBLIOGRAFÍA FUNDAMENTAL

La documentación principal de referencia para la elaboración del libro han sido los ejemplares de la editorial El Croquis referentes a Sejima y Nishizawa y que a lo largo de toda su trayectoria profesional han ido recogiendo sus proyectos en profusión de planos e imágenes:

• *Kazuyo Sejima 1988-1996*. Editorial El Croquis 77(1), Madrid, 1997.

• *Kazuyo Sejima y Ryue Nishizawa 1995-2000*. Editorial El Croquis 99. Madrid, 2001.

• *SANAA. Kazuyo Sejima + Ryue Nishizawa 1998-2004,* Editorial El Croquis 121-122 Madrid, 2004.

• *SANAA. Kazuyo Sejima y Ryue Nishizawa, 2004-2008*, Editorial El Croquis 139, Madrid, 2008.

• *SANAA. Kazuyo Sejima y Ryue Nishizawa 2008-2011*, Editorial El Croquis 155. Madrid, 2011.

Para acercarnos a los últimos proyectos de SANAA en la fecha de elaboración de esta tesis (2011) la revista *GA ARCHITECT* publicó un gran compendio de sus proyectos de concurso y en marcha en:

• "SANAA. Kazuyo Sejima. Ryue Nishizawa 2006-2011".
GA ARCHITECT. Edited by Yukio Futagawa.

NOTAS FINALES

[1] Horizonte:

1. Límite visual de la superficie terrestre, donde parecen juntarse el cielo y la tierra.
2. Espacio circular de la superficie del globo, encerrado por dicha línea.
3. Lugar, paisaje.
4. Límite, frontera.
5. Término temporal previsto para un estudio, una actuación.
6. Conjunto de posibilidades o perspectivas que se ofrecen en un asunto, situación o materia.
7. *Geol.* Cada uno de los niveles estratificados en que puede dividirse el perfil del suelo.

Diccionario de la Real Academia Española de la lengua.

[2] "Who are your architectonical heroes? Mies van der Rohe, as one of the founders of Modern architecture and its pared back, function over form aesthetic that unseated the decorative architecture of the 19th century". SEJIMA, Kazuyo y NISHIZAWA, Ryue. Interview. *Close up.*

[3] "La estructura. Una estructura muy clara, luz, transparencia, y la posibilidad de ver como es la organización. Hay una columna, una viga principal, un techo, una viga secundaria o alguna otra cosa: todas las relaciones entre las partes de la estructura se muestran". NISHIZAWA, Ryue. Entrevista. *El Croquis* 139, p. 34.

[4] "Ahora sabemos que a causa de las curvas y de las múltiples capas la Casa Flor no será transparente sino que se hará muy opaca. Desde fuera, podemos ver la naturaleza delante de la casa y también hay naturaleza al fondo, detrás de la casa y estas visiones se mezclan debido a las distintas capas. Si nos movemos en el interior, estas escena se mezcla de nuevo de modo diverso de acuerdo con la posición de la persona o con su desplazamiento". SEJIMA, Kazuyo. *El Croquis* 139. Entrevista.

[5] "Es un problema de relación dimensional entre el tamaño de las habitaciones y el espesor del muro. Necesitaba otro grosor diferente al de un muro convencional; así que decidí usar chapas de acero que pudieran funcionar estructuralmente. Al perder el muro su espesor, las vistas de

las otras habitaciones a través de las aperturas dan la sensación de ser cuadros colgados en la pared". SEJIMA, Kazuyo. Entrevista. *El Croquis*, 121/122.

[6] "Básicamente, la planta libre con la desintegración del sistema constructivo clásico. Hasta ese momento cerramiento y estructura, indisolublemente unidos en el muro de carga, configuraban la definición espacial. Un alzado grueso, entendido como sólido, moldeaba el vacío vivible. La descripción de un tipo de muro, es decir, la discusión sobre el estilo o la decoración, junto a la inventiva tipológica eran los principales campos encargados de que la diferenciación formal entre los arquitectos aflorara". SORIANO, Federico. *Sin tesis*. Ed. Gustavo Gili. Barcelona. 2004, p. 106.

[7] "La planta libre tiene una imagen paradigmática en la casa Domino de Le Corbusier. Unas losas de hormigón sostenidas por una retícula de pilares idénticos de sección cuadrada. Construye un plano libre mediante una estructura rítmica y reticular e introduce elementos tradicionales". SORIANO, Federico. *Sin tesis*. Ed. Gustavo Gili, Barcelona, 2004, p. 106.

[8] "Sus componentes son en esencia las columnas de acero y los planos rectangulares de materiales diversos colocados verticalmente como paredes, u horizontalmente como techos; pero están dispuestos de tal manera que el espacio es canalizado más bien que encerrado, nunca se detiene sino que fluye continuamente". JOHNSON, Philip. *Mies van der Rohe*. Victor Lerú. Buenos Aires, 1964.

[9] "Está basado en un nuevo concepto de la función de muro. La célula de la composición no es ya la habitación cúbica, sino el muro libre, lo cual significa destruir la tradicional caja al extender los elementos bajo techo hacia el paisaje. En vez de formar un volumen cerrado, estos muros independientes unidos por paños de vidrio crean una nueva e indefinida sensación de espacio. Dentro y fuera son ya difícilmente determinables. Fluyen de uno a otro". JOHNSON, Philip. *Mies van der Rohe*. Victor Lerú. Buenos Aires, 1964.

[10] "[Sobre el museo para una pequeña ciudad]. El primer problema consiste en concebir el museo como un centro para disfrutar el arte, no como un lugar donde conservarlo. En este proyecto se ha suprimido la barrera entre la obra de arte, situada en el interior, y el exterior mediante un jardín para exponer esculturas situado en la entrada. Las esculturas expuestas en el interior disfrutan de la misma libertad espacial, pues la planta libre permite contemplarlas contra el fondo formado por las montañas circundantes. El espacio arquitectónico, así configurado, es una definición volumétrica,

más que un confinamiento espacial". VAN DER ROHE, Mies. *A museum for a small city. Architectural forum* 78, 1943 N° 5, p. 85.

[11] "La planta libre y una estructura clara no pueden separarse una de la otra. La claridad de la estructura es la base de la planta libre. Cuando no surge una estructura unívoca, perdemos todo interés". NORBERG-SCHULZ, Christian. *Una conversación con Mies van der Rohe.* Baukunst and Werkforum. 11, 1958, p. 615.

[12] "La sección ya no se divide simplemente por la demarcación diferencia-da de plantas individuales; ha pasado a ser un *sandwich*, una especie de cebra conceptual; zonas libres para la ocupación humana que alternan con bandas inaccesibles de hormigón, cables y conductos". KOOLHAAS, Rem. *Last Apples. S, M, L, XL.* 010 Publishers, Rotterdam, 1995.

[13] "Quizás si se las compara con la arquitectura occidental (los paneles macizos de acero) la delgadez de las paredes que construimos parece similar a la delgadez de las paredes japonesas tradicionales. Pero desde mi punto de vista, no lo es, porque las paredes delgadas de la arquitec-tura tradicional japonesa no son estructurales, solo son particiones. No sostienen los edificios". SEJIMA, Kazuyo. *El Croquis* 139, p. 11.

[14] "… porque las pantallas desaparecen y hay continuidad entre el espacio interior y el exterior. Creo que esto es una diversidad que está quizás rela-cionado con la tradición japonesa. A veces es un espacio cerrado y oscuro, pero otras veces hay shoji y se puede obtener luz y obtener sombra, y sen-tir cierta atmosfera del exteror…". SEJIMA, Kazuyo. *El Croquis* 139, p. 19.

[15] "Después de rodear la casa antes de entrar, seguidos siempre por el enjambre de niños, vimos colmados nuestros deseos más personales. La habitación más grande tenía los dos lados exteriores abiertos. ¿Se le podía llamar a eso una habitación? En realidad era una sala un poco elevada por encima del suelo". TAUT, Bruno. *La casa y la vida japonesas.* Colección Arquitemas 19. Fundación Caja de Arquitectos 2007, p. 24.

[16] "Cierto es, que al tiempo, han sabido reconocer que su bagajes enraízan en el entorno que han crecido como personas y profesionales. Aunque aseguran que ambos pueden estar más cercanos de las propuestas de Ito, Ando o Kuma, en ningún caso reinterpretan la tradición de la arqui-tectura japonesa." PEREZ RUBIO, Agustín. "SANAA, Grado cero", en *AV Monografías* N° 121. SANAA 1990-2007, p. 16.

[17] "Pero nosotros, no contentos con ello, proyectamos un amplio alero en el exterior de esas estancias, donde los rayos de sol entran ya con mucha

dificultad, construimos una galería cubierta para alejar aún más la luz solar. Y por último, en el interior de la habitación, los shojis no dejan entrar más que un reflejo tamizado de la luz que proyecta el jardín". TANIZAKI, Junichiro. *El elogio de la sombra*. Biblioteca de ensayo, Siruela. 1994, p. 45.

[18] "La casa estaba pensada para estar compuesta de capas de MA superponiéndose unas con otras, y la mayoría de las divisiones de la planta son pantallas *shojis* como las anteriormente descritas. Estas capas de *ma* que están definidas por filtros, forman una gradación del exterior al interior, de la luz a la oscuridad, de lo público a lo privado. Así que el espacio de la vivienda rural japonesa puede tener una gradación de privacidad. Cuando se pasa a través de un *ma*, se hace más profundo. Se forma una jerarquía espacial tan solo a nivel mental y al final, se llega a un espacio privado sin pasar a través de un muro grueso". NISHIDA, Kazuyo. "El concepto japonés de espacio doméstico", en *PASAJES de Arquitectura y Diseño*. N° 29, p. 35.

[19] *Seiza*: postura tradicional japonesa de sentarse con las rodillas en el suelo, con las nalgas en los talones y el empeine de los pies sobre el piso.

[20] "Sejima se ha referido a su arquitectura como un *'parque'* en el que el valor de lo público se funda en la apertura y en la producción de un paisaje. Construir así es proponer un espacio desafectado de cualquier jerarquía, donde se tiene la sensación de libertad, de que todo puede ser compartido con naturalidad. Lo que más fascina es el valor de la experiencia espacial que se adquiere en esta arquitectura y la capacidad que tiene para construir e interpretar un lugar". MAROTO, Javier. En *Casas en Japón. Nuevas técnicas, arquitectura, ciudad, 2006-2007*. DPA ETSAM UPM 2008, p. 118.

[21] "El sencillo estudio de SANAA, es un espacio diáfano de techos altos impregnado de blanco, en el que cualquier rincón sirve para agolpar maquetas. El estudio-parque se convierte así en un gran espacio público donde no existe uno, sino todos, un lugar a imagen y semejanza del retrato público de estos arquitectos". PEREZ RUBIO, Agustín. SANAA, Grado cero. En *AV Monografías* N° 121. SANAA 1990-2007, p. 16.

[22] "La estructura. Una estructura muy clara, luz, transparencia, y la posibilidad de ver como es la organización. Hay una columna, una viga principal, un techo, una viga secundaria o alguna otra cosa: todas las relaciones entre las partes de la estructura se muestran". NISHIZAWA, Ryue. Entrevista. *El Croquis* 139.

[23] "Specifically, the columns would be put up in about 4-meter spans, distributed uniformly in a grid. There would be no shear walls or anything of

the short. [...] but eventually the very geometrical nature of the grid just began to feel inappropriate for this architecture. I do recognize that it is possible for a flexibility to emerge, out of plans or factors that become so homogeneous the particular properties of the space all but disappear". ISHIGAMI, Junya. *Small Images. Contemporary architect's concept Series 2.* INAX Publishings, 2008, p. 33.

[24] "Una pasarela, como un paseo marítimo que recorre la terminal, facilita la circulación entre los diferentes espacios que se suceden de forma entrelazada: tiendas, cafés, salas y zonas ajardinadas, diferenciando la terminal marítima del resto de equipamientos públicos. El proyecto pretende ser un parque, en el que se suceden al mismo tiempo un paseo marítimo, una pieza de arquitectura y una zona verde sobre el mar". SANAA. De la memoria del proyecto de la terminal de Yokohama.

[25] "Para este concurso sugerimos convertir el solar del nuevo museo Mercedes Benz en un parque, proyectando un edificio que se integre en esta idea. Al plantear el museo horizontalmente se consigue una gran continuidad espacial en las superficies interiores". SANAA. De la memoria del proyecto del museo Mercedes Benz.

[26] "Finalmente llegamos a la idea de albergar todos los programas distintos en un espacio único, pero con la continuidad interrumpida por patios, unos grandes y otros pequeños. Y dimos a este espacio una deformación (un alabeo o inclinación) que crea distintos niveles para sus ocupantes". NISHIZAWA, Ryue. *El Croquis* 139, p. 250.

[27] "La experiencia espacial del Rolex Center es extraordinaria, construida con excelencia técnica. La mecánica del edificio es sorprendente, elevándose la losa de hormigón en ondulaciones abovedadas que permiten el acceso al interior desde patios de círculos alabeados, creando una tensión intensa al atravesar las faldas del edificio en un plano de intensa sombra. Sobre este primer plano, se desarrolla la actividad interior -biblioteca, café, aula, laboratorios-, en un continuo espacio público luminoso y profundo que forma el ágora de la universidad."GARCIA ABRIL, Antón. *SANAA. Premio Pritzker 2010.* En "El Cultural", *El Mundo*, marzo 2010.

[28] "[sobre el museo de Kanazawa]. Debido a que el espacio interior empezaba a hacerse tan complicado que las personas podían llegar a perder la orientación cuando se movían en él, decidimos crear corredores visuales que atravesaran el edificio de un extremo a otro con el fin de que la gente se orientara con facilidad. Esto se convirtió en algo nuevo e inesperado en el proyecto. De esta forma establecimos una ley interna: cuántos más

espacios longitudinales atravesaran visualmente el edificio mejor. Se convirtieron en decisivos para la experiencia del edificio". NISHIZAWA, Ryue. *El Croquis* 121/12, p. 17.

[29] "No creo que tratemos de borrar las jerarquías. No estamos interesados en crear órdenes no jerárquicos, sino en hacer otras nuevas jerarquías diferentes a las existentes". NISHIZAWA, Ryue. *El croquis* 121/122, p. 25.

[30] Deambulación: Así pues, todos estamos de acuerdo en que podemos vivir una gran aventura. "Dejadlo todo... Salir a las calles": este era el motivo de mis exhortaciones en aquel periodo [...] Sin embargo, ¿de qué calles había que salir? De unas calles en el sentido material, eso era poco probable, de unas calles espirituales, eso no nos parecía bien. El hecho es que se nos ocurrió la idea de combinar ambos tipos de calles. De ahí surgió una deambulación entre cuatro: Louis Aragon, Max Morise, Roger Vitrac y yo mismo, emprendida en aquella época partiendo de Blois. Una ciudad elegida al azar sobre el plano.
Convinimos en que iríamos al azar, a pie y que iríamos conversando, sin permitirnos desviaciones deliberadas a excepción de las necesarias para comer y dormir. Una vez iniciada la excursión resultó muy especial. [...] La ausencia de cualquier tipo de objetivo nos aparta muy pronto de la realidad, y levanta bajo nuestros pasos fantasmas cada vez más numerosos, cada vez más inquietantes. PARINAUD, André. *André Breton Entretiens*, Gallimard, Paris, 1952.

[31] "Importa poco no saber orientarse en una ciudad. Perderse, en cambio, en una ciudad como quien se pierde en un bosque, requiere aprendizaje. Los rótulos de las calles deben entonces hablar al que va errando como el crujir de las ramas secas, y las callejuelas de los barrios céntricos reflejarle las horas del día tan claramente como las hondonadas del monte". BENJAMIN, Walter. *Berliner Kindheit um Neuzenhnhundert, 1930*, Suhrkmapverlag (versión castellana. *Infancia en Berlín hacia 1900*. Alfaguara, Madrid, 1982).

CRÉDITOS FOTOGRÁFICOS

IMÁGENES 63, 76, 77, 81, 87, 86, 126. Fotografías de Hisao Suzuki. <www.nuaa.es>.